AF398373

Konrad Sax

NIFL-HLID

Traumschrift

Impressum:

Originalausgabe
Herstellung und Verlag:
Books on Demand GmbH, Norderstedt 2005
Copyright: Alle Rechte liegen bei dem Autor.
Printed in Germany

ISBN 3-8334-0257-1

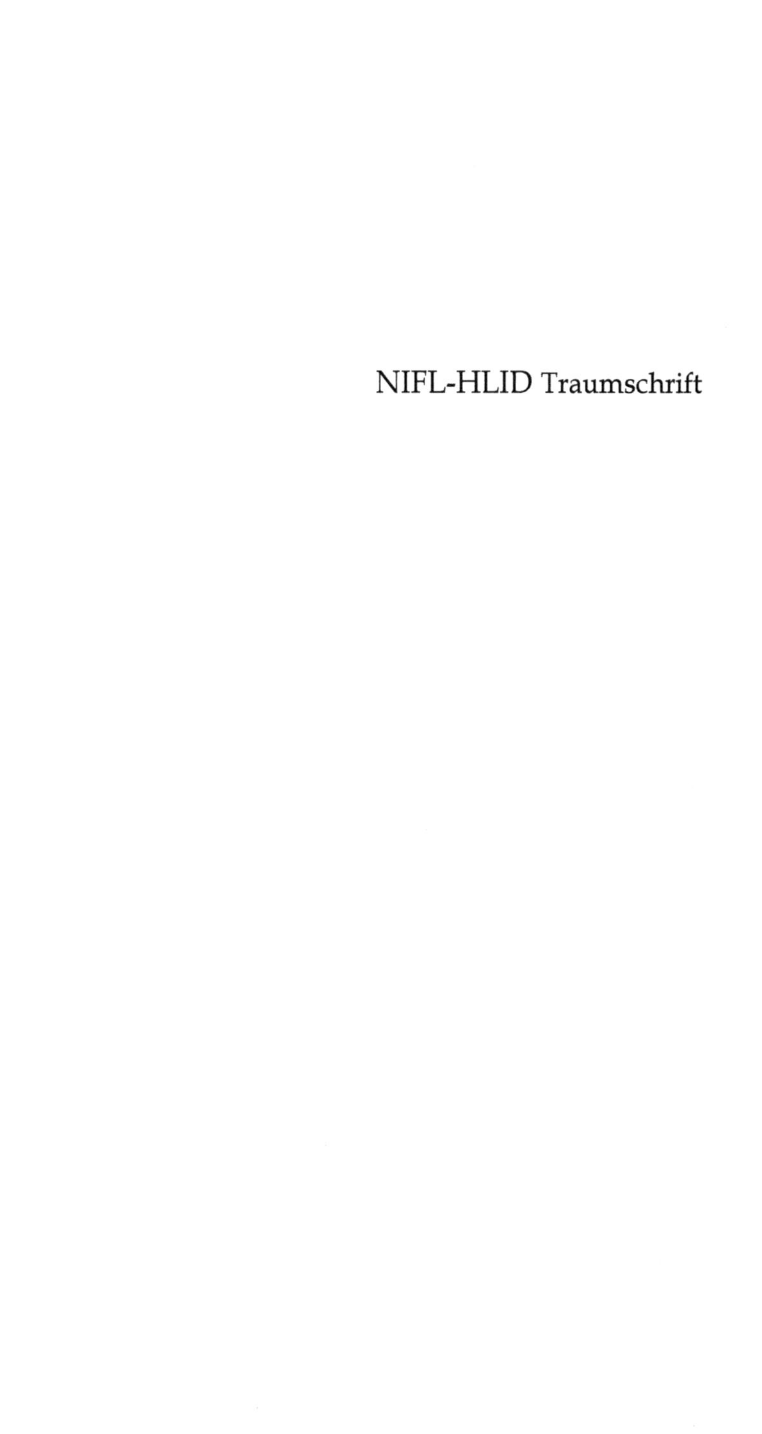

NIFL-HLID Traumschrift

NIFL-HLID

Traumschrift

- 1 -

Ich renne mit dem Herzen eines Affen. Rechts und links neben mir hetzen unaufhörlich noch andere Bonobos, zu denen ich gehöre. Wir scheuchen eine andere, fremde Gruppe Affen über zerklüfteten Boden kalter, schwarzer Lava, aus deren tiefen, offenen Spalten weißer Nebel aufsteigt.
Von allen Seiten zischt es bedrohlich. Der giftige Dampf brennt wie Feuer in meinen Augen und macht eine klare Orientierung unmöglich.
Fast blind und ohne Besinnung jage ich mit der nervösen Meute, von unserem Anführer ohne Unterlass zu immer höherem Tempo angetrieben. Von rechts höre ich ihn wütend kreischen, wenn er auf dem wulstigen Rand des erkalteten Lavastroms steht und uns mit heftigen Gebärden anfeuert. Sobald wir an ihm vorübergehetzt sind, überholt er uns scheinbar mühelos mit wenigen, elastischen Sätzen, denn er ist größer und kräftiger als wir. Weiter vorne fällt der Weg steil nach unten ab. Es sieht so aus, als wäre die heiße Lava an

dieser Stelle vor vielen Jahren in den vorbeifließenden Strom hineingesackt und dabei auseinander gebrochen. Der entstandene Spalt, durch den wütende Wasser sprudeln, trennt jetzt das Ufer von einer einzelnen, kleinen Basaltscholle.

Mit rasender Geschwindigkeit treiben wir die anderen Affen der gefährlichen Bruchstelle entgegen. Verzweifelt versuchen sie immer wieder die Richtung zu ändern, aber wir sind in der Überzahl und zwingen sie bis zum Ende in unsere geplante Bahn.

Schließlich sehen sie keinen anderen Ausweg und springen in ihrer Not einfach über den gefährlichen Spalt - hinüber auf die kleine schwarze Insel. Dort hocken sie dicht zusammen gedrängt und zittern verschreckt.

Triumphierend bleiben wir am Rand des zerbrochenen Lavastroms stehen.

Zum ersten Mal kann ich sie nun genauer betrachten. Sie sind sehr schön, ganz anders als wir - viel anmutiger, mit einem leuchtenden, hellblauen Fellchen auf dem Rücken. Ihre Schönheit bezaubert mich regelrecht und plötzlich erfüllt mich der Anblick ihrer Hilflosigkeit mit tiefem Mitleid und ich möchte nicht, dass ihnen etwas passiert.

Aber unser Anführer lässt nicht locker und trommelt mit den Fäusten drohend auf seine Brust. Berauscht von seinem Killerinstinkt setzt er zum entscheidenden Sprung an.

Doch bevor er sich abstoßen kann, wird er mit einem Mal von einer zwingenden Ahnung gebremst. Er muss zum Himmel hinaufsehen, über den jetzt wilde Wolkenfetzen fegen.

Entsetzt duckt er sich und schreit: „Jota! Seht, Jota!"
Da reißen die Wolken lautlos auf und ein Schriftzug
windet sich heraus - Jota.
Wir sind genauso erschrocken wie er. Und während
wir uns demütig tief zur Erde neigen, verwandelt sich
der Schriftzug in eine wunderbare, braune Violine.

- 2 -

Ich liege neben K. und betaste meinen nackten Leib.
Da bemerke ich in meiner Haut, dicht neben meiner
Leiste, ein kleines gelbes Ei.
Aufgeregt erzähle ich es K., aber der bleibt völlig
unberührt, weil er ausgestochene, leere Augen hat. Er
ist blind. Verwundert sehe ich ihn an, da ich es vorher
nie bemerkt hatte.
Vorsichtig streiche ich noch einmal über die merkwürdige Stelle an meinem Körper, in der bangen
Hoffnung, dass ich mich getäuscht habe. Aber sobald
meine Hand die Haut berührt, fängt das absonderliche
Ei an zu wachsen. Es hat bereits die Größe eines
Gänseeis erreicht und hört nicht auf zu wuchern. Ich
kann den Vorgang nicht aufhalten, bis es zu einer
schwarzblauen Eisenkugel herangereift ist.
Schließlich werde ich hysterisch und voll Entsetzen
reiße ich das fremde Geschwür aus meinem Leib, dass
es blutet. Die Kugel liegt in meiner Hand. Sie ist kalt
wie Eis.
Ich steige aus dem Bett und betrachte sie neugierig
von allen Seiten und dann sehe ich deutlich, dass es
K.'s verlorene Augen sind. Mir wird bei dem

Gedanken schlecht. K. fängt an zu weinen und sagt:
„Du hast sie mir weggenommen."
Die Kugel knorpelt schwabbelig in meiner Hand, bis
ich zu erkennen glaube, dass es mein Bauch ist, getrieben von der Angst um die Fruchtbarkeit.

- 3 -

Ich stehe mit K. in einer Galerie des Kremls. Wir sind
bereits 30 Jahre alt. Ich liebe K. und zeige ihm mit auf-
fallend weißen, kalten Händen ein Gemälde vor uns
an der Wand.
Das strotzt vor Großzügigkeit und die Farben sind so
ineinandergehaucht, dass ich meine, das Bild fliege
gleich davon.
Aufmerksam betrachtet er es und sagt: „Ich habe
etwas anderes als du."

- 4 -

Alle Menschen, die ich kenne, hetzen mit mir aufgebracht in einem hüfthohen, braunen Labyrinth hin
und her. Sie finden keinen Anfang und kein Ende und
werden darüber immer wütender. Es sind so viele,
dass sie sich gegenseitig schieben und quetschen, stoßen und blockieren. Schließlich weinen und schreien
alle vor Verzweiflung.
Von Weitem sieht es aus wie das chaotische
Gewimmel auf einem Ameisenhaufen.
Unbemerkt schlüpfe ich in eine dunkle Nische zwischen den Gängen, um mich zu verstecken.

Zu meinem Schreck findet mich T. dort. Er macht mir heftige Vorwürfe und sagt, ich hätte sie alle in dieses entsetzliche Durcheinander gezwungen.

Als er das ausspricht, schäme ich mich, weil ich weiß, dass es wahr ist.

- 5 -

Ich befinde mich in einem kleinen braunen Raum. Um mich herum hängen verdrehte Schläuche und Kabel von der Decke, deren Enden fast den Boden berühren. Dazwischen wimmelt es von vielen, mir bekannten Menschen. Aber niemand sagt etwas und ich fühle mich allein gelassen mit meinen abstrusen Eindrücken.

Ich empfinde die ganze Atmosphäre als furchtbar, bedrohlich eng und schwer drückend. Ziellos winde ich mich durch die Gedärme, die sich immer fester um mich schlingen. Als ich schließlich glaube zu ersticken stelle ich mich auf meine Zehenspitzen und recke den Kopf zur Zimmerdecke um nach Luft zu schnappen. Dabei sehe ich mich hilfesuchend nach einem rettenden Ausweg um.

Zu meiner Überraschung entdecke ich nicht weit von mir eine kleine Tür, die zwischen dem verworrenen, braunen Gelumpe strahlt wie die Sonne. Meine Augen unablässig auf sie gerichtet, steuere ich entschlossen durch den Raum und erreiche den Punkt zu meinem Erstaunen sehr schnell.

Gespannt öffne ich die Tür und trete vorsichtig in ein verborgen liegendes großes, helles Zimmer. Das Licht des Raumes ist deutlich wahrnehmbar wie ein kühles, vornehmes Seidentuch. Wie eine Membran legt es sich um meinen Kopf und meine Schultern. Später dringt es tief unter meine Haut und stillt selbst das, was mich beunruhigt und umtreibt. Ich sinke in unbekannte, schöne Tiefen meiner selbst und fühle einen fremden, imaginären Brunnen in mir - eine Quelle, wunderbar, klar und unerschöpflich.

Plötzlich weiß ich, dass es Gott ist.

Erschrocken über seine eingreifende Souveränität, reiße ich mich mit einem Ruck aus den Umständen und öffne schnell die kleine Tür um das Zimmer zu verlassen.

In dem anderen Raum herrscht jedoch noch immer dasselbe braune Chaos wie zuvor und die Vorstellung, ich muss dort wieder hineinkriechen, zähmt mich.

Schnell schließe ich die Tür und gehe zögernd zurück in die Mitte des Raumes.

Dort hocke ich mich auf den Boden, atme Demut und lasse mich ganz umfangen von weißer, gestillter Sehnsucht. Ich bin ganz erfüllt von Liebe.

- 6 -

Ich sitze in einem langen, weißen Kleid auf einem weißen Dampfschiff, welches noch im Hafen liegt. Da schieben einige Männer plötzlich ein großes, hölzernes Brett unter der Reling durch auf das Deck. Auf dem Brett liegt eine von einem weißen Tuch verhüllte, leblose Gestalt. Ich kann nicht erkennen, wer es ist, nur mein Instinkt begreift sofort.

Meine große Liebe ist tot.

Und noch bevor ich mich von ihr verabschieden kann,
wird sie seebestattet. Ich beginne zu weinen.

- 7 -

Ich sehe einen großen grauen Stein auf einer
Waldlichtung liegen. Seine rechte Seite neigt sich stark
zur Erde. An dieser niedrigen Stelle hüpft ein kleiner
Mann hektisch auf und ab, wobei er sich immer
abwechselnd mit seinen Beinen von dem Stein
abdrückt. Er ist ganz und gar aus grünem Glas und ich
kann das rote Blut deutlich durch seinen Körper fließen sehen.
Der gläserne Zwerg geht jetzt immer wieder den Stein
hinunter. Oder besser - er versucht es. Denn obwohl er
die Absicht hat nach vorne zu laufen, geht er zurück -
immer rückwärts. Alles ist durcheinander. So kann es
doch nicht sein.

- 8 -

Ich sehe auf einer weiten, sandigen Ebene große, schöne Frauen stehen. Die sind dunkelhäutig und tragen
kurze tiefbraune Kleider. Ihre Köpfe schmückt eine
blumenkelchartige Haube, aus rosa Seide mit einem
zarten, alyzerinroten Rand.
Die Frauen bleiben völlig regungslos. Stolz stehen sie
auf der linken Seite und werden leise vom Wind
bewegt. Es ist ein wunderschönes Bild - anmutig und
ruhig.

- 9 -

Ich fahre zu Frau B.. Sie empfängt mich an der Tür eines mehrstöckigen, alten Fachwerkhauses. Um sie herum wimmelt es von vielen Gestalten. Es sind Alte, Junge, Männer, Frauen und Kinder mit blondem und rotem Haar, die übermütig miteinander raufen, drängeln und sich gegenseitig schubsen. Jeder von ihnen will vorne stehen und neugierig lauschen, worüber wir uns unterhalten werden. Das stört demonstrativ unsere Begrüßung. Über meine leichte Gereiztheit amüsiert versuchen sie sogar schadenfroh Frau B. von mir wegzulocken.

Die lächelt nur sanftmütig zu diesem Durcheinander und bittet mich herein.

In dem Haus ist es unerwartet dunkel und ich kann auf den ersten Blick nur Gerümpel und Müll ausmachen. Für wenige Sekunden ruht mein Blick gedankenverloren auf einem alten, grünen Fass mit einer runden Tischplatte. Frau B. geht einige Schritte vor mir und ich habe Angst sie in der Dunkelheit zu verlieren, falls ich weiter verweile. Deshalb folge ich ihr rasch und drücke dabei eine schwarze Tasche, die ich bei mir trage, wie einen Schild fest an meinen Bauch.

Ungeduldig möchte ich ihr schon während des Laufens von mir erzählen, aber ich komme nicht dazu, weil ich mich von den Gestalten, die sich permanent um uns herumtreiben, belästigt fühle. Obendrein provozieren sie mich mit einfältig grinsenden Gesichtern, schneiden Fratzen und erschrecken mich mit ihren neckenden Berührungen.

Flüsternd erzählt Frau B. mir von einem entlegenen

Zimmer, zu welchem ich ihr folgen soll. Wir steigen eine merkwürdige Treppe hinauf, deren Stufen riesige Messerrücken sind, bis ich schließlich begreife, dass wir uns in einem Labyrinth befinden. Mit diesem offenbarenden Gedanken verschwindet Frau B. plötzlich wie vom Erdboden. Aber wenn ich ganz still bin und konzentriert in die Dunkelheit lausche, höre ich sie von oben rufen.

Allein gelassen habe ich die Orientierung verloren. Auch die Treppe erkenne ich nicht mehr, denn die Messerrückenstufen kann man von oben und unten besteigen.

Ich verharre und überlege. Je länger ich warte, desto mehr scheint mir, dass der Stillstand der Ewigkeit gleicht. Später taste ich mich vorsichtig weiter, währenddessen ausgewählte Fragmente des Labyrints wie eine gewaltige Bilderwelt an mir vorüberziehen - doppeldeutig und dreidimensional, zugleich durchsichtig und undurchsichtig, offen und gleichzeitig verschlossen. Ich gehe solange, bis die Stufen vor mir aufhören, dann bleibe ich stehen und glare ratlos in die Finsternis, bis sich mir eine Lösung zu erkennen gibt. Über mir sehe ich eine Stange zum Hangeln und wenige Meter vor mir beginnen die Treppenstufen von neuem. Dazwischen liegt gähnende Leere.

Wenn ich weiter will bleibt mir nichts anderes übrig als an die Stange zu springen um mich über den schwarzen Spalt zu hangeln. Als ich aber an ihr hänge, merke ich entsetzt, dass ich völlig kraftlos bin. Nicht ein einziges Mal wage ich eine Hand zu bewegen, da ich Angst habe sofort hinabzustürzen. Als meine Not unerträglich groß ist, taucht Frau B. unter der

Konstruktion auf. Sie ruft: „Lassen sie los! Fallen ist nicht so schlimm, wie sie denken!“
Ihr blind vertrauend lasse ich los und falle tatsächlich unbeschadet auf einen Boden - auf schwarzen, stinkenden Manegenschlamm. Bis zu den Knöcheln im Schlick wate ich erleichtert hinter Frau B. hinterher. Am Ende der Manege stehen wir vor einer massiven Steintreppe, die uns hinabführt zu einem kleinen Zimmer. Wir treten ein und ich schließe hinter uns die Tür und verriegle sie zusätzlich mit einem eisernen Bolzen. Endlich sind wir allein. Erwartungsvoll setze ich mich zu Frau B. an den grünen Fass-Tisch und erinnere mich plötzlich an meine schwarze Tasche, die ich noch immer fest an mich drücke.
Doch bevor ich ein Wort sagen kann, tauchen unerwartet wieder die lästigen Plagen aus der Dunkelheit auf. Sie haben listige Gesichter und essen herausfordernd rote Zwiebeln.
Jetzt habe ich keine Geduld mehr und gemeine Vorwürfe gegen Frau B. brechen unkontrolliert aus mir hervor, weil sie meine Zeit verschwendet. Ich glaube mittlerweile, sie will mir nicht zuhören und ich wende mich beleidigt einem kleinen Mädchen zu, welches neben mir steht. Es fragt mich, ob ich ihm nicht einen eingelegten Eiszapfen reichen könnte. Aus einem kleinen Fässchen links neben mir reiche ich ihm das Gewünschte und erinnere mich, dass ich die selbst sehr mag.
Dann wende ich mich wieder Frau B. zu. In ihren Augen, zur Nase hin, glänzen zwei blutrote Tränen. Es ist konzentrierte Hilflosigkeit.

Auf der gegenüberliegenden Straßenseite steht ein großes Haus mit rotem Dach. A. und ich wollen eine Trittleiter aus Aluminium dorthin tragen. Aber unerwartet werden wir samt der Leiter in ein großes, weißes Leintuch gehüllt, so dass wir nun orientierungslos in die Richtung laufen müssen, in der wir das Haus vermuten.

Wenn wir nach unten blicken, sehen wir unsere Füße über Katzenkopfpflaster laufen. Das ist vermutlich die Straße. Endlich erkennen wir den Rinnstein. Das heißt, wir sind angekommen und stellen die Leiter aufgeklappt neben den Bordstein. Dann ziehen wir das weiße Laken behutsam von unseren Köpfen. Über uns liegt ein weiter, klarer, blauer Himmel.

A. besteigt die Leiter und wickelt sich das Tuch um die Schultern. Da erst bemerke ich, dass in den Rinnstein schmale Schienen eingelegt sind. Auf diesen rutscht die Leiter langsam von mir weg. Erschrocken rufe und winke ich A. zu, aber sie kann mich nicht mehr hören und winkt deshalb nur begeistert zurück.

Ich möchte ihr gerne nachlaufen und die Leiter festhalten, kann aber meine Beine nicht bewegen. Ich fühle mich sehr verlassen.

In einem dunklen Korridor stehen zwei Männer. Auf den ersten Blick sehen sie sehr gut aus. Aber bei genauerem Hinsehen erkenne ich, dass einer von ihnen eine rote Teufelsmaske trägt. Jetzt laufen sie schnell das dunkle Treppenhaus hinab, bis sie schließlich auf einem breiteren Absatz ankommen, auf den durch eine kleine Tür Licht fällt. Der Schein kommt aus einem großen, hell erleuchteten Raum, der dahinter liegt. Die Männer bleiben aber im Schatten stehen, so, als versteckten sie sich. Jetzt flüstern sie hinter vorgehaltener Hand.

- 12 -

In einem kleinen, aber sehr hohen Raum, hinter einem klavierähnlichen Tresen, steht A.. Der Raum ist durch seine Höhe so schlecht ausgeleuchtet, dass sich sein Gesicht rosa abzeichnet und er dadurch stark betrunken wirkt. Um ihn herum stehen einige zweifelhafte Typen mit Melonen auf dem Kopf. Während A. ohne Unterlass Gläser poliert, lallt er liebe Worte. Die anderen dunklen Personen entfernen sich mit hintergründig grinsenden Gesichtern.

- 13 -

Ich besteige eine rote Leiter. Auf den ersten Blick wirkt sie ziemlich stabil. Plötzlich bricht unter meinen Füßen eine Sprosse. Ich falle in rasendem Tempo zur Erde. Da wölbt sich das untere Ende der Leiter zu einem Bogen. Es ist ein roter Gummikorb, in den ich falle.

- 14 -

Ich sehe ein grünes Bild, welches horizontal von einem dunkelgrünen Jägerzaun in zwei Hälften geteilt wird.

Vor dem gekreuzten Zaun bewegen sich vier Figuren. Sie haben hauchdünne Arme und Beine von hellgrüner Farbe, tragen beige Bermudashorts und zappeln wie Marionetten an unsichtbaren Fäden hin und her.

Ich betrachte sie näher und bemerke erst jetzt, dass sie keine Köpfe haben.

Allerdings empfinde ich das Gesehene weniger grauenhaft, als ich zuerst vermutete.

- 15 -

In einem großen, hell erleuchteten Saal mit wunderschönem, cremefarbenem Parkett befinden sich viele Kinder, die sich jeweils zu Dreiergruppen zusammengestellt haben. Ich stehe in der Mitte des Raumes und die einzelnen Gruppen bilden einen Kranz um mich herum wie eine Blüte.

Ich trage dunkle Sachen und hebe mich deutlich als Schöpfer der Konstellationen von den anderen ab.

Auf mein befehlendes Klatschen hin bewegen sich die Kinder um mich herum - nach einem von mir erdachten Schema. Es ist die totale Bewegung. Mir wird ganz heiß. Mit Konzentration zwinge ich die Dynamik unter meine Kontrolle.

Ich arbeite.

- 16 -

Ich stehe auf dem dunklen Bürgersteig einer Großstadt. Es regnet stark und ich bin innerlich sehr aufgewühlt. Die Straße vor mir, die von der Nässe wie ein schwarzer Fluss glänzt, trennt mich von einem schönen, großen Park mit vielen Laternen. Dort hinüber will ich. Aber aus einer nicht offensichtlichen Notwendigkeit heraus muss ich noch warten.

Auf einmal bemerke ich, wie wunderbar blumig ich rieche und voll Euphorie darüber, laufe ich einfach gedankenlos über die Straße auf den Park zu.

Da werde ich von links, was mir aber wie rechts erscheint, von einem bulligen, schwarzen Auto überrollt. Ich höre es knacken und ein stechender Schmerz durchfährt meinen Körper.

- 17 -

Ich sehe A.'s Aquarium. Darin schwimmen kleine, glänzende Fische. Sie schillern rot und blau. Unmittelbar neben dem Fischglas steht eine viereckige schwarze Pumpe. Zwei grüne Schläuche, die sich erst ein Stück auf dem furnierten Schrank schlängeln, dann ordentlich nebeneinander gelegt nach oben führen und schließlich im Inneren des Aquariums enden, versorgen das Wasser mit Sauerstoff.

Plötzlich höre ich ein sonderbares Geräusch - eine Art Stöhnen, welches aus dieser Richtung zu kommen scheint. Neugierig geworden konzentriere ich mich auf die rätselhaften Laute und finde heraus, dass das seltsame Stöhnen von den Fischen herrührt. Sie schwimmen aufgeregt hin und her und schnappen im Wasser nach Luft. Da entdecke ich, dass die beiden grünen Schläuche der Pumpe von einer winzigen weißen Babyspielzeugklammer so fest zusammengepresst werden, dass der produzierte Sauerstoff nicht in das Aquarium gelangen kann.

Ich habe Angst, dass die Fische ersticken. Um ihnen zu helfen, löse ich vorsichtig das kleine Ding von den Schläuchen. Aber die entfesselten Sauerstoffblasen, die jetzt in das Becken drücken, sind so gewaltig, dass das Wasser mit Wucht herausspritzt. Mit der starken Fontäne fliegen auch die Fische heraus.

Irritiert starre ich auf eine Wasserlache auf dem Boden, in der sich die verendenden Fische quälen. Ich weiß vor Schreck nicht, was ich machen soll. Da kommt von rechts K. auf mich zugestürzt. Er schimpft: „Ich habe dir doch gesagt, du sollst nichts verändern."

- 18 -

In einem Raum mit einem endlos langen Tisch, der keinen Anfang und kein Ende hat, ist es so neblig, dass man die Person, die unsichtbar da ist, kaum wahrnimmt. Selbst bei genauem Hinsehen kann man ihre Gestalt nur vermuten, da die Farbe des Pullovers mit der des Hintergrundes eins ist.

Ich rekonstruiere das Bild in meinem Geist. Es ist mein Bekannter J. U. mit einer kleinen, grünen Gurke in der rechten Hand. Er hält sie wie eine Zigarette und beißt ein Stück von ihr ab. Dann blickt er mich an und fragt: „Woher hast du die? Die sind gut."

- 19 -

Ich sehe vor einem völlig nebligen Hintergrund eine Figurenkette, die keinen Anfang und kein Ende hat. Alle Gestalten sind dünn und halbnackt und tragen nur grünrot karierte Bermudas. Ihre Augen sind weit aufgerissen und kugelrund, so dass sie schon fast albern wirken.
Durch einen automatischen Vorgang verlängern sich die Hälse der Figuren unerwartet zu dünnen Schläuchen. Gleichzeitig wird der Rumpf so klein, dass man ihn mit dem bloßen Auge kaum noch erkennen kann. Die Köpfe mit den großen Kulleraugen wiegen auf den langen Hälsen wie Getreide im Wind. Es ist eine beängstigende Erscheinung.
Plötzlich sehe ich eine riesige Metallschere von rechts die Köpfe von den Hälsen schneiden. Überall ist Blut. Ich ekle mich.

- 20 -

Ich sitze in einem fahrenden Auto. Meine Haare sind ganz neu - kurz und rot. Ich komme von nirgendwoher und möchte nirgendwohin. Es ist so einfach und alt und macht mich so traurig - wie lange nicht mehr.

- 21 -

Ich falle mit Absicht einen dunklen Schacht schnell nach unten, denn mein Ziel ist der schwarze Boden am Ende der Finsternis mit einem hellen Ausgang auf der

rechten Seite. Ich weiß, dass dort auf einem weißen,
schattenlosen Platz hinter einem Gartenzaun meine
Mutter auf mich wartet. Sie trägt die blaue Schürze.
Ich möchte mich von ihr verabschieden.
Aber während des Fallens attackieren mich aus allen
Richtungen einige Bekannte. Sie schreien pausenlos
Fragen in mein Vorbeifallen und drängen kreischend
auf eine Antwort.
Das belastet derart stark mein Gleichgewicht, dass
meine Fallbahn durcheinandergerät. Wieder und wie-
der stoße ich rechts und links an die zerklüfteten
Steinwände, bis ich völlig durcheinander gepurzelt
und orientierungslos bin. Ich kann den Boden nicht
mehr erreichen. Das macht mich ganz nervös.

- 22 -

Ich sehe ein schmales, sehr hohes Bild vor mir. Es hat
die Farbe von T.'s Pullover. Gemalt ist es in Picassos
altem Stil.
Im Vordergrund, inmitten eines Schlammackers, steht
ein Hackklotz. Bei genauerem Hinsehen erkenne ich,
dass das ein blauer Menschenrücken ist, welcher bis
zur Hüfte in den Modder gerammt wurde. Davon
muss es in der näheren Umgebung vermutlich noch
mehrere geben - eine ganze Landschaft angepflanzter
Menschenrücken, die man aber nur erahnen kann, da
der Hintergrund sehr neblig ist.
Um den deutlich sichtbaren Rückenklotz herum rollen
unentwegt Köpfe im Schlick - ohne schmutzig zu
werden. Man könnte fast meinen, sie bewegten sich
wie in einem Murmelspiel.

Rechts im Bild kann ich einige, sich in Auflösung windende Figuren erkennen. Sie sind so groß, dass sie fast an den oberen Bildrand stoßen und an denen mir etwas Gelbes ins Auge sticht.

Plötzlich tritt eine Figur einen der rollenden Köpfe gegen den Hackklotz und klemmt ihn mit seinem Fuß so ein, dass er sich nicht mehr bewegen kann. Das knackt fürchterlich. Der Kopf verzieht schmerzlich sein Gesicht, wobei ein blutroter Mund schneeweiße Stummelzähne entblößt.

Mich packt blankes Entsetzen und mit einem Mal scheint es mir, als kippe das ganze Bild nach unten. Ich schreie auf.

- 23 -

Ich komme in einem großen, heruntergekommenen Haus an.

In Begleitung einer alten Dame, die einen einfachen, gelben Rock trägt, und eines kleinen, gesichtslosen Mädchens gehe ich einen langen, niedrigen Flur entlang. Der ist mit wenigen gelben Glühbirnen schlecht beleuchtet und riecht nasskalt und muffig nach widerlicher, ockerner Ölfarbe. Ich ekle mich und wünsche mir, dass die Wände nicht näher als einen Meter an mich herankommen.

Ungefähr in der Mitte des Ganges betreten wir gemeinsam ein Zimmer auf der rechten Seite. Es ist zwielichtig und ich kann nur mit zugekniffenen Augen rechts und links zwei Klappbetten mit rosa Bettwäsche ausmachen. Der Raum ist so winzig und stinkt so faulig, dass es mir beim Eintreten fast den

Atem verschlägt. So gut es geht, versuche ich die Luft anzuhalten, bis ich doch einmal kurz nach dem Geruch schnappen muss und wir dann wieder zurück auf den langen, dämmrigen Gang treten dürfen, an dessen Ende wir nun eine kleine Tür sehen.

Ich schlage meinen beiden Begleiterinnen vor, das Haus so schnell wie möglich durch die Tür zu verlassen, die wir wenig später mit Schwung aufreißen, um nach draußen zu eilen.

Erschrocken halten wir inne, denn wir sind im dritten Stock des Hauses und die schmale hölzerne Schwelle, auf der wir gerade noch zum Stehen kommen, bildet den Abschluss vor einem gähnenden Grund.

An dem Haus ist ein eisernes Baugerüst montiert, welches sich wie ein fragiler Turm weit über das Dach erhebt. Es ist eine lockere, gewagte Konstruktion.

Wenn ich tief nach unten blicke, sehe ich das Haus in schwarzem, öligem Wasser stehen und schmutzige kleine Wellen an die unteren Granitmauern klatschen.

Abschätzend lote ich unsere Möglichkeiten aus und trotz letzter Bedenken besteigen wir schließlich das wacklige Gebilde um nach oben zu klettern.

Die Luft ist eiskalt und jede Berührung der eisernen Rohre sticht wie tausend kleine Nadeln in den Händen, was den Aufstieg sehr verlangsamt. Aber zu unserer Überraschung erwarten uns an der Spitze des Turms eine hölzerne Plattform, strahlender Sonnenschein und drei rosa Plastikliegen, welche zu Schalen gebogen sind.

Die alte Frau legt sich an meine linke Seite. Das kleine, gesichtslose Mädchen liegt bereits an meiner rechten Seite. Beide haben bisher noch kein Wort gesprochen.

Auf einmal kommen auf dem schwarzen Wasser viele Kinder in winzigen, bunten Einbäumen angerudert. Sie lärmen und rufen und werfen mit Schneebällen nach uns. Ich habe Lust mit ihnen zu spielen, strecke mich und fange einen Ball im Flug. Etwas von dem Schnee werfe ich mit Wucht zurück.
Davon beginnt plötzlich die Konstruktion zu schwanken und obwohl ich meinen Körper hin- und herwinde, kann ich das Gleichgewicht nicht mehr ausbalancieren. Aus Angst hinabzustürzen, klettere ich panisch von der Plattform - neben mir stumm und teilnahmslos meine Begleiterinnen. Obwohl ich mich bemühe so schnell wie möglich wieder nach unten zu kommen, schaffe ich es kaum von der Stelle, denn der anhaltende Wind hat die Eisenrohre mittlerweile so kalt und glatt gemacht, dass meine Füße immer wieder gefährlich abrutschen und ich mich nur ruckartig in Abständen Stück für Stück vorwärts hangeln kann. Das verbraucht schließlich meine Kräfte. Ich hänge weinend in der Luft und bin verzweifelt.
Als meine Not nicht größer sein kann, öffnet sich neben mir eine niedrige Tür. Es ist ein lockender Einstieg in das muchige Haus. Mit einem kleinen Schritt hätte ich wieder Boden unter den Füßen. Aber alles in mir weigert sich dorthin zurückzukehren. Ich ekle mich vor der rosa Bettwäsche.
Jetzt weiß ich nichts mehr. Ich denke, ich erfriere.

Ich bohre mit meinem Zeigefinger in meinem rechten Ohr. Plötzlich stoße ich auf etwas Hartes. Ich ertaste eine kleine Mulde und pule neugierig geworden das geheimnisvolle Ding mit meinem Fingernagel langsam vom Rand des Ohres ab. Dann fällt es in meine Handinnenfläche. Es ist ein wohlgeformtes, weißes Zuckerstück.

Ich stehe inmitten einer Gruppe mir unbekannter, junger Menschen. Wir alle sind sehr ausgelassen und zur Abreise bereit. Um uns herum stehen kleine Plattenhäuser auf sandigem Boden - wie in einem Kinderferienlager. Kiefernzapfen und Lichtflecken wechseln einander auf der Erde ab und vertiefen diesen Eindruck, der aus meiner Erinnerung herrührt. Weiter hinten erstreckt sich eine grenzenlose grüne Koppel oder Wiese.
Ich sehe A. und J., in ein Gespräch vertieft, langsam und völlig entspannt über die Wiese davongehen. Sie tragen auffällige orange Sachen.
Ich mache mir plötzlich Sorgen um die beiden und sage einem wildfremden Jungen, dem ich trotzdem vertraue, dass er auf sie aufpassen soll.
Da wird unsere Aufmerksamkeit auf eine Kuriosität gelenkt. Auf dem Weg, auf dem wir stehen, müht sich eine merkwürdige, alte Frau, ein überdimensionales Gestell hinter sich herzuziehen, welches auf beiden Seiten von kleinen Rädern abgestützt werden muss,

da es über und über mit riesigen Gepäckstücken beladen ist - mit Massen von viereckigen, verschwommenen Säcken. Die Frau trägt ein T-Shirt und eine Kaprihose in oranger Farbe. Ihre Last scheint so schwer zu sein, dass sie sie nur mit großer Anstrengung in gebückter Haltung bewegen kann.
Mit einem eigenartig belehrenden Gesichtsausdruck bleibt sie schließlich vor mir stehen und sagt von unten herauf: „Ich habe mein Gepäck zusammen."
Ich bin unangenehm berührt. Mitleid und Angst vor der unheimlichen Alten mischen sich in mir zu einem verachtenden Ekel.

- 26 -

Es ist ein strahlender, ruhiger Tag. Alles wird ausschließlich von den Farben weiß und hellblau bestimmt.
Es muss eine mediterrane Stadt sein, in der ich spazieren gehe. Auf dem gegenüberliegenden Bürgersteig sehe ich einen einzelnen runden Korb stehen. Der hebt sich mit seiner warmen, dunkelbraunen Farbe und seiner Form deutlich von den geraden, hellen Flächen der Umgebung ab.
Neugierig geworden, gehe ich zu ihm hinüber und sehe hinein. Er ist bis oben hin mit hellbraunen Nüssen gefüllt - ein überraschender Anblick, der mich so bezaubert, dass ich im selben Moment tiefen Frieden mit der Welt empfinde - wahrscheinlich die beeindruckende Wirkung vollkommener Ästhetik.
Plötzlich bewegt sich der Korb. In einem Führungsschacht, der so eng bemessen ist, dass zwischen

Korbrand und Schachtwand kein Zwischenraum
bleibt, fährt er langsam in die Tiefe. Immer weiter entfernt sich der Korb, bis ich ihn nicht mehr sehen kann.
Zurück bleibt ein tiefes, schwarzes Loch. Darüber
staune ich.

- 27 -

Auf einem völlig überladenen Schreibtisch ist ein
Brief, in dessen Sichtfenster ein schräg liegender
Streifen grüner Briefmarken zu sehen ist. Ich weiß
genau, was ich damit machen soll.

- 28 -

Ich schlendere durch eine große, alte Stadt, die durch
bunte Bürgerhäuser geprägt ist. Beim Betrachten der
Geschäfte fällt mir ein Schaufenster auf der gegen-
überliegenden Straßenseite besonders auf. Neugierig
gehe ich hinüber und blicke hinein.
In der Auslage liegen exquisite, lange Kleider. Sie sind
aus Samt und Satin, üppig bestickt und reich verziert.
Sie wecken in mir den Eindruck einer hoheitlichen
Garderobe. Zweifellos - das sind Kleider für eine
Königin.
Ich muss staunen und bewundere weltvergessen die
Eleganz der Sachen. Plötzlich spüre ich den sehnlichen
Wunsch eins von den Kleidern anziehen zu wollen.
Aber je länger ich vor dem großen Glasfenster stehe,
desto trauriger werde ich, weil ich weiß, dass sie für
mich unerschwinglich sind.

Ich knie auf der Erde und blicke in ein quadratisches Loch im Boden.

In meiner Phantasie kombiniere ich, dass es ein Fenster in eine andere Welt sein muss, die unter mir liegt. Von meiner Position aus kann ich in einen bizarren Garten blicken. Darin steht eine mit einem grauen Arbeitsanzug bekleidete Person, die mir den Rücken zugekehrt hat. Sie ist gerade im Begriff ein Beet umzugraben, wobei sie sich sehr hektisch bewegt. Jetzt hockt sie sich hin und hebt etwas von der Erde auf. Ich konzentriere mich auf den Fund und meine, es seien graue Plastikteile.

Da dreht sich die Person plötzlich um und streckt mir die Hand entgegen.

Erschrocken weiche ich zurück, denn ich sehe, dass ich es selber bin.

Während ich angestrengt versuche mir einen Reim darauf zu machen, schiebt sich eine riesige, gelb-schwarz-getigerte Katze in das Fenster, bis es fast völlig ausgefüllt ist. Ich verrenke mir beinahe den Hals, um noch einmal in den Garten sehen zu können. Aber es ist nur noch ein winziger Spalt des Fensters offen und eine bedrückende Enge hat sich breitgemacht.

Auf einmal verzieht sich der große Mund der Katze zu einem breiten Lächeln und er sagt mit menschlicher Stimme: „Na, da wird sich der Herr Doktor aber gar nicht freuen."

In einer großen Turnhalle sind viele Kinder, Jugendliche und eine amtierende Jury. Die Halle ist nicht beleuchtet und nur im dünn einfallenden Tageslicht kann man irgendeine unbestimmte, aber lebhafte Geschäftigkeit ahnen.

In der Mitte des Raumes steht völlig unbeweglich ein Junge, der über und über mit nasser, roter Tonerde beschmiert ist.

Die Jury beschaut ihn jetzt aufmerksam. Ich stehe etwas abseits und belauere den Vorgang, denn ich habe mit der Sache zu tun, obwohl sie nicht offen liegt. Da ich trotz großer Anstrengung nicht hören kann, was sie untereinander tuscheln, werde ich unruhig. Vorsichtshalber gehe ich dazwischen und unterbreche vordergründig ihre Beratung mit den Worten: „Es wird doch wohl nicht so schwer sein, daraus einen Pinguin zu machen."

Ohne dass mich jemand dazu aufgefordert hätte, laufe ich hektisch hin und her, schleppe mit viel Mühe allen Ton heran, den ich in der Halle finden kann und beginne ihn hastig an dem Jungen zu verarbeiten. Aber das Modellieren gelingt mir nicht. Die glitschige Masse hält nicht auf dem mageren, glatten Körper und die steifen Arme sterzen widerspenstig von den Seiten ab. Außerdem fühle ich mich unangenehm von der verwunderten Jury beobachtet und werde immer nervöser.

Wütend über das Misslingen des Pinguins beginne ich die anwesenden Kinder und Jugendlichen zu tyrannisieren. Wie im Fieber beschimpfe ich sie und werfe ihnen Mittelmäßigkeit vor, bis mir plötzlich eine Lösung einfällt.

Ich forme eine Haube aus Maschendraht. Die will ich dem Jungen als Halterung für den Ton über den Kopf stülpen. Dann, so denke ich, kann ich ihm endlich den typischen Schnabel formen.

Aber meine Idee funktioniert nicht. Die Drahtkappe ist viel zu klein und das Überziehen tut offensichtlich weh, denn der Pinguin schlägt wild mit seinen absterzenden Armen um sich.

Mit den Worten: „Ich bin noch nicht gestorben", reißt er sich von mir los. Er geht ein paar Schritte zurück und sagt noch einmal mit weit aufgerissenen Augen und beschmiertem Mund: „Es hat mich noch nicht gestorben. Es hat mich noch nicht gestorben."

Ich empfinde überhaupt kein Mitleid mit dem Armen. Mich wurmt nur mein Versagen vor den Augen der Jury. Dafür schäme ich mich.

- 31 -

Ich sitze mit T. in einer Spielshow, in der es um die Liebe geht. Wir müssen uns jetzt küssen. Das ist wirklich wunderbar und am Ende des großen Programms erhalten wir den ersten Preis. Die Menschen klatschen begeistert Beifall und strömen dann blindlings über die Show-Bühne den Ausgängen entgegen. Auch wir werden von den Massen mitgerissen.

Vor uns schieben sich A. und J. durchs Gedränge. Als ich einmal kurz nach rechts blicke, ist T. zu meiner Verwunderung verschwunden und ich werde nun von K. begleitet. Irritiert sehe ich wieder nach vorn, aber jetzt habe ich auch A. im unüberschaubaren Menschenmeer aus den Augen verloren. Erschrocken versuche ich sie und T. mit meinen Blicken wiederzufinden.

Zu allem Unglück kann ich aber nicht stehen bleiben, sondern werde immer weiter zu einem Ausgang auf der rechten Seite gedrängt. Am äußeren Ende des Bretterbodens mühlt unaufhörlich ein Durchgangskreuz, welches nur in eine Richtung dreht. Damit wird man, ob man will oder nicht, ausgetrieben.

Sobald ich durch die Mühle bin, rutsche ich mit den Füßen einen kurzen, vereisten Abhang hinunter. In diesem Augenblick weiß ich, dass ein Zurückkehren ausgeschlossen ist. Verloren stehe ich draußen.

Da entdecke ich auf der Bühne A.. Auch sie hat mich gesehen und winkt mir freudig zu.

Ich bin irgendwie beleidigt, weil ich zu früh durch das Drehkreuz gerutscht bin und hier nun so lange warten muss, bis die anderen auch ausgemühlt werden. Während ich dem Wiedersehen krankhaft entgegensehne, steht K. stumm an meiner rechten Seite. Ich weiß, dass mein fiebriges Umherblicken sie stört, aber ich kann keine Rücksicht darauf nehmen, denn noch immer versuche ich auch T. zwischen den vielen Menschen zu finden und gleichzeitig A. nicht aus den Augen zu verlieren. Dafür verbiege ich meinen Körper nach vorne und hinten um an ihr vorbeisehen zu können.

Ungeduldig frage ich mich, warum die zwei nicht versuchen so schnell wie möglich zu mir zu kommen und je länger ich stehe, desto mehr verunsichert mich das Warten. Schließlich beschleicht mich die unbestimmte

Ahnung, dass meine Sehnsucht nach ihnen nicht erwidert wird. Ich brauche sofort Gewissheit.

Mit einer List versuche ich auf die Bühne zurückzukommen. Dazu will ich mich zu einem anderen Drehkreuz weiter vorne durchschlagen.

Dieses Kreuz wird von einer Kassiererin an einem dünnen grauen Tisch bewacht. Sie ist etwas älter, trägt ein lindgrünes Kostüm und hat auffällig gekräuseltes, blondes Haar. Auf mich wirkt sie total farblos, schon fast fade. Sie zeigt Strenge und will mich nicht durchlassen - verlangt Eintritt für eine Show, die längst gelaufen ist. Ich habe keine Zeit darüber zu diskutieren und während ich hastig bezahle, muss ich tatenlos zusehen, wie sich A., ohne sich noch einmal umzudrehen, immer weiter von mir entfernt. Ungläubig sehe ich ihr nach. Da ich auch T. nicht wiedergefunden habe, befällt mich tiefe Angst davor, alles zu verlieren, was ich kenne und was ich liebe.

- 32 -

Ich sitze, bekleidet mit einem weißen Hemdchen und einem grauen Höschen, mit T. an einem hölzernen Pult in der alten Schule. Wir schreiben einen Test.

Nachdem wir die weißen unbeschriebenen Blätter abgegeben haben, bleibe ich noch eine Weile sitzen, obwohl T. bereits gegangen ist.

Schließlich gehe auch ich in den Nebenraum, in dem ganze Batterien von eisernen Doppelstockbetten aufgebaut sind.

Ich beginne mich gerade auszuziehen, als ich T. plötzlich laut lachen höre. Er sitzt, bekleidet mit einem übergroßen roten Pullover, auf einem der Betten und sagt: „Du hast nicht gesehen, dass ich dich beobachtet habe." Dabei blitzen seine Augen listig.

- 33 -

Ich bin mit Ch. am Fuße eines Aufstiegs. Noch stehen wir im Schatten - aber unser Ziel ist ein sonnenüberfluteter, fundamentierter Weg auf dem Gipfel des Berges, dessen terrassenförmiger Hang vor uns liegt. Auf jedem seiner Absätze wächst eine andere Pflanzen- oder Blumenart.

Instinktiv wissen wir, dass wir den Aufstieg nur auf allen Vieren schaffen werden.

Zuerst finden wir das sehr anstrengend, aber dann macht uns das Kriechen immer mehr Spaß. Wir werden sogar übermütig und wenn wir nicht mehr weiter kommen, halten wir uns an den Blumen fest und ziehen uns einfach an ihnen hinauf. Manchmal reiße ich sie dabei heraus und schmeiße sie lachend hinter mich.

Auf den unteren Terrassen wachsen gelbe Stiefmütterchen und roter Klatschmohn; weiter oben robuste, kleine Agaven. Diese zerschneiden uns bald mit ihren harten, scharfen Kanten die Hände und Füße und versuchen in unsere Augen zu stechen, die ich schließlich fest zukneifen muss. Außerdem schieben sich die Spitzen der Pflanzen wie giftige Kämme in unsere Haare, bis der ganze Kopf zerzaust ist.

Endlich sind wir oben angekommen und ich bin berauscht von der Wärme und dem Licht, das uns hier erwartet.

Der sonnenüberflutete, fundamentierte Weg liegt vor uns wie eine aufstrebende Brücke. Rechts und links ist er von einer niedrigen grauen Steinmauer eingefasst. Wenn man links hinunter sieht, blickt man über den terrassenförmigen bunten Aufstieg, über den wir gekommen sind. Hinter der rechten Mauer gähnt ein tiefer, schwarzer Abgrund.

Auf dem Weg vor uns liegt feiner gelber Sand. Wir ahnen etwas Geheimnisvolles darunter und beginnen ihn mit den Händen vorsichtig zur Seite zu schieben. Zuerst kommt eine rätselhafte Eisschicht zum Vorschein und darunter liegt, wie in einen gläsernen Sarg gebettet, ein undeutliches Bild - der ganze Weg scheint ein Gemälde zu sein. Ich sage zu Ch.: „Schade, wir hätten einen Spaten mitnehmen müssen, dann könnten wir das Bild jetzt freihacken".

Erschrocken antwortet sie: „Nein, bist du verrückt geworden. Wir müssen es nur vom Sand befreien. Die heiße Sonne wird das Eis schmelzen". Und wirklich, es dauert nicht lange, da können wir einen Bruchteil der Malerei erkennen.

Es ist zweifellos ein echtes Marienbild in überraschend brillanten Farben. Der Ausschnitt trifft zufällig die heilige Maria selbst, die in meisterhafter Manier gemalt ist und die uns bezaubernd anlächelt. Bei ihrem Anblick beginne ich zu weinen und mir ist, als hätte mich ihr durchsichtiges Abbild dafür geküsst.

Plötzlich hören wir hinter uns ein Motorengeräusch. Ein bulliges Auto kommt den Weg hinaufgefahren. Ich habe Angst um unseren Schatz. Gott sei Dank ist noch genug Eis darüber. Wir gehen also ein Stück zur Seite, halten den Atem an und das anonyme Auto fährt ganz langsam über das Bild ohne es zu beschädigen. Direkt über dem Kopf der Maria bleibt es stehen. Es wird von einer Steinmauer gestoppt.

Dann ist wieder alles ganz ruhig. Nichts bewegt sich mehr.

Nun sehe ich von Weitem das Traumbild als Ganzes wie eine Papierrolle auf meinem Schreibtisch liegen.

Dort, wo das Auto an der Mauer halten musste, ist das Papier abgeschnitten worden und erst jetzt erkenne ich, dass es ein alter Kriegsplan ist.

- 34 -

Ich tanze mit T. im Liegen. Seine Haut ist über und über mit gelben Rosen bemalt, in deren Mitte ein roter Punkt leuchtet. Über die Bemalung ziehen sich winzige schwarze Tapsen von kleinen, goldenen Hummeln. T. riecht wie ein Blumenstrauß - wie eine heitere Sinfonie aus einem Garten. Ich bin ganz bezaubert.

- 35 -

Ich habe ein unerfreuliches Rendezvous mit einem bärtigen, alten Bekannten. Wir stehen noch gemeinsam in der Vorhalle eines Hotels und warten einen Augenblick, als ich ihm Verlegenheit vorspiele und täuschend echt hervorbringe, dass ich noch etwas aus meinem Zimmer holen müsse.

Mit dieser List gewinne ich erst einmal Abstand, denn der Raum liegt ganz oben unterm Dach. Es ist ein kleiner niedriger Trockenraum. Durch das gesamte Zimmer ziehen sich Leinen mit gewaschener, weißer

Wäsche - wohin man auch sieht, überall hängt weiße Wäsche. Ich rieche deutlich den typisch frischen Duft. Die Zeit drängt und ich muss mir jetzt schnell eine plausible Ausrede einfallen lassen, um meinen Begleiter loszuwerden.

Ich denke so angestrengt nach und wünsche mir so sehr, dass ich nicht zu diesem Rendezvous gehen muss, dass mit einem Mal meine Nase heftig anfängt zu bluten. Das Blut strömt dick und dunkelrot und unaufhörlich aus meiner Nase und läuft über meine Hände auf die saubere, weiße Wäsche.

Die befleckten Deckchen und Hemdchen lege ich vor mich auf einen Tisch. Ich ekle mich vor dem vielen Blut und denke gleichzeitig: „Das ist also der Grund, warum ich nicht mit dir gehen kann."

- 36 -

Ich stehe in der Küche meiner Eltern. Der Fußboden muss von mir aufgewischt werden. J. betritt den Raum mit einer grobgezimmerten, dunkelbraunen Holzkiste. Die erscheint mir riesig und hat in ihrem Inneren zwei Kammern.

Er fragt mich, ob ich sie nicht haben will. Sofort fällt mir ein, dass ich das schmutzige Wischwasser aus meinem kleinen Eimer in die Kiste gießen könnte, um den Wischmopp dann großzügiger umherschwenken zu können. Ohne weiter zu überlegen nehme ich sein großzügiges Angebot an und während die Beobachter unbeteiligt zusehen, stelle ich mit großer Anstrengung das schwere Ding auf zwei schlichte weiße Stühle. Dann beginne ich vorsichtig die alte Lauge umzufüllen. Aber so wie sie in die Kiste hineinläuft, rinnt sie aus deren unsichtbaren, versteckten Ritzen am Boden und an den Wänden wieder heraus.

Vor Schreck weiß ich nicht, was ich machen soll. Krampfhaft suche ich in meinem Kopf nach einer Lösung, während ich unbeweglich, wie angewurzelt in der Küche stehe und entgeistert zusehe, wie das Dreckwasser auf der Erde zerläuft.

- 37 -

Ich stehe vor einem großen Fernsehapparat. Um sich herum hat er ein zweites Gehäuse konstruiert. Aus diesem Grund sieht man alles doppelt und verflimmert in seinem Fenster. Wenn ich mich konzentriere und die Augen zusammenkneife, kann ich auf dem Bildschirm den Doktor erkennen, der wieder und wieder sagt: „Es wird weiter regnen." Verständnislos gehe ich einfach weiter.

- 38 -

Ich stehe eingeklemmt zwischen vielen Menschen in dem völlig überfüllten, hinteren Teil eines langen Busses. Mir gegenüber steht B.. Sie hat mich noch nicht gesehen und stiert an mir vorbei aus dem Fenster.

Da ich sehr müde bin und für mich alleine sein möchte, ist es mir unangenehm sie hier zu treffen. Ich überlege, ob ich ihr einfach meinen Rücken zudrehe und nach unten gucke, damit ich unentdeckt bleibe. Aber ich schäme mich für meine Gedanken und erinnere mich plötzlich, dass ich doch anders erzogen wurde. Deshalb spreche ich sie sogar von mir aus an und wünsche ihr einen guten Tag.

B. tut freudig überrascht und will gleich, wie erwartet, etwas mit mir unternehmen. An der nächsten Haltestelle zieht sie mich einfach aus dem Bus. In der leisen Hoffnung die lästige Sache bald überstanden zu haben, folge ich ihr widerwillig.

Jetzt stehen wir vor einem großen Haus und ich frage sie tonlos, was wir hier machen. Sie antwortet, während sie ein paar Schritte auf das Haus zugeht: „Wir suchen die Erinnerung." Damit dreht sie sich um und kommt mit einer dunkelhaarigen, verängstigten Frau zurück, die ein weißes Hündchen fest an sich drückt. „Na, erkennst du sie nicht?", höre ich B. fragen.

„Es ist S." Fieberhaft konzentriere ich mich auf meine Vergangenheit, aber ich kann mich nicht entsinnen, diese Frau jemals gesehen zu haben. Um der peinlichen Situation zu entkommen flüchte ich Hals über Kopf in das Haus.

Hier bereitet F. seine jüngste Modenschau vor. Ich bin erstaunt - das habe ich nicht erwartet. F. scheint entzückt zu sein mich zu sehen und kommt mir bei seiner überschwenglichen Begrüßung bedrohlich nah. Er legt seinen Arm um meine Schulter und möchte mich mit klebrigen, schmeichelnden Worten für seine Modenschau gewinnen - versucht mir einzureden, wie dankbar ich ihm sein könne, dass seine Wahl spontan auf mich gefallen sei.

Er lügt im großen Stil, das spüre ich und mit jedem seiner Worte ziehe ich mich mehr und mehr in mich zurück, bis ich schließlich ausdruckslos an ihm vorbei ins Leere glare. Ich will jetzt sofort gehen und mich nicht weiter in die merkwürdige Geschichte verwickeln lassen.

Doch da tauchen auf einmal von allen Seiten aus dem Nichts viele Leute auf und reden mit Nachdruck auf mich ein, ich solle endlich sein großzügiges Angebot annehmen. Sie rücken immer näher und schütteln verständnislos den Kopf über meine störrische Undankbarkeit. Ich weiß gar nicht, was sie von mir wollen. Eine derartige Nötigung halte ich nicht aus und fühle mich zunehmend in die Enge getrieben. Außer mir erkennt scheinbar niemand, dass hinter F.'s angeblicher Genialität nur ehrgeizige Besessenheit steckt. Heute erscheint er mir mit seiner vordergründigen Freundlichkeit noch dünner als früher und zudringlich wie ein spitzes Insekt.

Mit einem Ruck durchbreche ich den Kreis und renne davon. F. läuft mit grünen und gelben Höschen über dem Arm hinter mir her und schreit gereizt, die werde ich, so wie er es will, am Ende doch unter seiner Kollektion tragen. Ich flüchte entsetzt. Eine unbekannte Frau will mich mit offenen Armen aufhalten. In letzter Sekunde weiche ich ihr aus. Ich höre noch, wie sie mich inständig bittet, mich daran zu erinnern, wie sehr F. mich liebt.

Irritiert stürze ich durch die nächste Tür und reiße sie mit Schwung hinter mir zu. Ich bin in einer Abstellkammer. Es ist dunkel und eng und ich muss die Arme fest an meinen Körper drücken um überhaupt stehen zu können. Mein Gesicht ist zur Tür gewandt. Direkt in Augenhöhe befindet sich ein win-

ziges Fenster. Ich wage kaum hinauszusehen aus
Angst entdeckt zu werden. Ganz vorsichtig beobachte
ich mit meinem linken Auge die Umgebung. Da sehe
ich, wie F. und die unbekannte Frau langsam und
abschätzend auf mein Versteck zukommen.
Erschrocken suche ich in der Kammer einem Winkel
zum Verkriechen. Aber ich kann nichts entdecken.
Als ich mich wieder zum Fenster wende, sehe ich ihre
Gesichter ganz dicht an die Glasscheibe gedrückt. Sie
beobachten mich wortlos. Dann flüstern sie leise.

- 39 -

Ich stehe mit einigen Menschen im Kreis. Uns alle ver-
bindet eine Gemeinsamkeit - das Tragen von blauen
Jeanshosen.
Zwar sind mir einige von ihnen bekannt, aber alle
reden miteinander in einer fremden Sprache. Und so
sehr ich mich auch bemühe, ich kann mich nicht mit
ihnen unterhalten. Schließlich werden sie auf mein
Handikap aufmerksam und erklären mir, dass ich die
Worte nur richtig ausformulieren müsse. Eindringlich
sprechen sie mir den letzten Satz sogar noch einmal
ganz langsam und deutlich vor. Aber ich selbst kann
ihn nicht herausbringen. Dafür schäme ich mich.

- 40 -

Ich trage eine Krankenschwesteruniform aus dem
Jahre 1950. Meine immerwährende Beschäftigung
besteht darin, in einem riesigen hellen Saal, in dessen

Mitte hohe Säulen stehen, schwere Eisenbetten zusammenzuklappen, um sie dann zu einem Stapel aufzuschichten.

Für mich ist es Gewohnheit. Blitzschnell und mit voller Wucht schlage ich die beweglichen Kopf- und Fußenden der Gestelle krachend auf ihre Mittelteile aus eisernem Geflecht.

Auf den Gitterböden der Betten sitzen wie selbstverständlich ganz ruhig niedliche, braune Häschen und träumen. Ihr Träumen ist so intensiv, dass mein lärmendes, mechanisches Treiben ihr Innerstes nicht erreichen kann.

Ich beachte sie nicht weiter, weil sie immer dort sitzen. Außerdem liegen die gekreuzten, dicken Bügel mit einem kleinen schützenden Abstand über den Häschen, so dass ihnen beim späteren Ablegen der Bettenteile nichts passieren kann.

Wenn ich von oben durch den Stapel blicke, entsteht langsam das Bild eines ansehnlichen Hasenkäfigs mit unzähligen, doppelten Böden.

Nachdem ich meine Arbeit beendet habe, gehe ich über einen langen Gang, der in einer viereckigen Öffnung mündet, hinaus. Schon von Weitem schlägt mir gleißendes Sonnenlicht entgegen, so dass ich beim Heraustreten die Augen zukneifen muss. Erst nach einer Weile kann ich direkt vor dem Haus einen riesigen, hoch aufgeschichteten Hasenbau aus warmem, gelbem Sand ausmachen, auf dem sich viele Menschen tummeln. Als ich zu ihnen hinaufsteige, eilen sie entsetzt auseinander.

- 41 -

Ich stehe vor einem Käfig mit einem gefleckten Hamster. Weil der Kasten so niedrig ist und das Tierchen deshalb so gedrungen dasitzen muss und apathisch vor sich hinstiert, tut es mir leid.
Ich nehme den Hamster vorsichtig heraus und während ich mich langsam in einen alten Sessel zurücklege, schiebe ich mein Hemd ein wenig nach oben und setze ihn auf meinen Bauch.
Plötzlich fängt er an zu wachsen. Er wird so groß wie ein Kaninchen. Sein Fell ist ganz warm und weich und kitzelt auf meiner Haut. Unter seinen scharfen, gebogenen Zähnen zuckt eine kleine rosa Zunge. Damit leckt er behutsam das Salz von meiner Haut.
Ich liege unbeweglich und wage kaum zu atmen. Mein Herz klopft bis in den Hals, denn ich habe Angst, dass er mich beißt.
Gleichzeitig bin ich erstaunt über die Leichtigkeit des unerwarteten Augenblicks.

- 42 -

Ich habe das Gefühl, als hätte ich einen wunderbaren Gedanken. Er ist mir ganz vertraut, liegt mir auf der Zunge und doch ist er noch nicht ausgesprochen.

- 43 -

Ich gehe mit jemandem, dem ich vertraue, einen engen, lichtlosen Gang entlang. Der Weg neigt sich ein wenig nach unten und mündet schließlich in einer großen, ausgeleuchteten Höhle, von deren Decke, dicken Säulen gleich, erdige Stalaktiten herabhängen. Eine merkwürdige, unbestimmbare Lichtquelle überzieht die zerklüfteten Wände mit einem orangenen Schimmer und alles wirkt fern wie aus einer geheimen, anderen Welt.

Auf der rechten Seite steht ein weißer Holztisch mit drei Stühlen. Es sieht so aus, als hätte dort jemand gefeiert.

Wir gehen immer tiefer in die Höhle, bis sich plötzlich ein schwarzer Abgrund vor uns auftut. Nur aus einem schmalen Spalt am Boden der Grube fällt ein winziger Streifen Licht in deren Finsternis.

Undeutlich, schattenhaft glauben wir dort unten verwesende Kreaturen zu erkennen - paarweise in nass glänzende Planen gewickelt, liegen sie da zu engen, schwarzen Paketen geschnürt, dicht ineinandergeschichtet.

Aus dem Dunkel kommen jetzt ein paar Helfer, die mit größter Vorsicht die Eingewickelten aus dem Abgrund heben und nebeneinander auf den Absatz legen, auf dem wir stehen. Sie bewegen sich dabei sehr schnell und diszipliniert und verbreiten dadurch einen zwingenden Zeitdruck, so, als müssten sie Leben retten. Verständnislos sehe ich ihrem absonderlichen Treiben zu, aber je länger ich die Sache beobachte, desto einleuchtender wird mir der Grund ihrer Eile, denn einige von den Elenden scheinen tatsächlich noch nicht gestorben zu sein.

Mit Mühe erheben sich jetzt die durchlöcherten Schatten, die keine Zähne mehr haben, und schleppen sich geisterhaft zu einer Gruppe zusammen. Dann irren sie in einem langen Zug dem Ausgang der Höhle entgegen um letztlich in dem schwarzen Gang zu verschwinden, aus dem wir ursprünglich gekommen sind.

Der grausige Anblick der schwindenden Wesen berührt mich derart unangenehm, dass ich mir nichts sehnlicher wünsche, als an einem anderen Ort zu sein. Aber in diesem Moment werde ich von den Helfern aus meinen Gedanken gerissen und energisch aufgefordert mich nützlich zu machen. Da ich Angst habe, dass jemand meinem scheinbar unangebrachten Abscheu auf die Schliche kommt, füge ich mich widerwillig ihren Anweisungen und begleite in einigem Abstand die schaurige Gesellschaft nach draußen.

Manchmal klatscht einer vor Schwäche auf den Boden. Bevor ich reagieren kann, eilen die anderen Begleiter herbei, fassen den Gestürzten unter und legen ihn vor mir ab - wie ein Beutestück. Mich wundert, dass sie keinen Ekel vor den widerlichen Geschöpfen haben. Ich selbst ziere mich vor jeder Berührung. Am liebsten würde ich mit einem großen Schritt über die Gefallenen hinwegsteigen und schnell nach draußen rennen. Aber mittlerweile bin ich zusehr in die Geschehnisse verpflichtet - es bleibt mir nichts anderes übrig, als mich weiter in das momentan Unabänderliche zu fügen.

Das Schlimmste daran ist der Gestank.

Ich habe eine kleine Plastik aus weißer Keramik ange-
fertigt - das abstrakte Bildnis eines ausgehöhlten
Menschen. Die Figur hat einen winzigen Kopf, auf
dem ein mächtiger Haarkranz bauscht. Ohne dass ich
es wusste, bekomme ich für das Modell einen Preis.
Eine Frau aus der Jury kommt auf mich zu und sagt:
„Sie haben mit ihrer Plastik gestalterisch 4.000 Mark
und inhaltlich 4.500 Mark gewonnen. Wir sind ihnen
so dankbar. Sie haben uns wirklich geholfen. Der
Geldbetrag ist imaginär. Sie bekommen im gleichen
Wert dafür einen Korb mit einigen Dingen für ein
Fest."
Mit diesen Worten reicht sie mir einen geflochtenen
Weidenkorb, in welchem ein Brötchen, drei kleine
Flaschen Bier und eine dreistöckige Torte aus
Gehacktem sind. Ich bin überwältigt von dem uner-
warteten Geschenk und den lieben Worten.
Später finden sich dann zu meinem Fest in einem weißen, völlig sterilen Zimmer an einem artigen, dünnen
Tischchen drei gesichtslose Herren als Gäste ein. Ich
bediene sie jeweils mit einem Bier.
Obwohl keiner von ihnen dazu eine Äußerung macht,
beschleicht mich plötzlich von selbst das Gefühl, dass
meine Gastfreundschaft nicht ausreicht.
Da fällt mir ein, dass ich in einem fünf Kilometer weit
entfernten Schuppen noch eine Flasche Bier stehen
habe. Die beschließe ich schnell zu holen und mache
mich auf den staubigen, heißen Weg. Ich renne so
schnell ich kann. Aber das pausenlose Hetzen wird
mir bald zu anstrengend und auf halbem Weg ent-

scheide ich mich spontan wieder umzukehren. Als ich endlich erschöpft in das weiße Zimmer zurücktrete, kann ich gerade noch sehen, wie ein paar spielende Kinder durch die Tür zum Nachbarraum die Gehacktestorte stehlen. Die drei Herren sind verschwunden und der Korb ist leer. Verdrossen zucke ich mit den Schultern, mich schließlich damit abfindend, dass wegen meiner eigenen Dummheit von meinem Preis keine Spur übrig geblieben ist und ich rein gar nichts verdient habe.

- 45 -

Im alten Garten des geheimnisvollen Schlosses ist eine ausgelassene Gesellschaft versammelt. Ich bin der souveräne Gastgeber und sehe hier und da nach meinen Freunden.
Beim Wahrnehmen meiner Pflichten hoffe ich gleichzeitig irgendwo T. alleine zu begegnen. Da ich ihn aber nirgends entdecken kann, überlege ich, ob er vielleicht schon nach Hause gegangen ist ohne sich von mir zu verabschieden.
Der Gedanke beunruhigt mich über die Maßen und augenblicklich treibt mich sehnsüchtige Verzweiflung um. Fieberhaft suche ich nach ihm zwischen den hohen, dunkelgrünen Hecken des Gartens und in allen Räumen des Schlosses.
Da sehe ich seine Jacke an der Garderobe hängen und kombiniere erleichtert, dass er doch noch hier sein muss und meine Aufregung wahrscheinlich umsonst war. Ich frage mich nur, wo er steckt. Vielleicht ist es ein Spiel ihn zu finden.

Mittlerweile ist es bereits tiefe Nacht geworden und während ich nun entspannt in meinem langen, hellen Kleid langsam durch den Garten schreite, kann ich die warme Anmut der Dunkelheit fühlen. Ich verharre für einen Moment und sehe mich aufmerksam um.

Plötzlich zwingt mich jemand von hinten in den Liegestütz, setzt sich dominant auf meinen Rücken und fordert von mir getragen zu werden. Zuerst füge ich mich erschrocken und versuche das Verlangte zu erfüllen, aber meine Arme sind viel zu dünn. Sie brechen unter der Last wie Streichhölzer. Ich beginne weinerlich zu betteln und um Verschonung zu flehen. Bevor ich gänzlich auf dem Boden liege, steigt der unbekannte Reiter ab und ich fliehe ohne mich noch einmal umzudrehen schnell an das finstere Ende des Gartens.

Dort sitzt T.. Er trägt ein weißes Polo-Hemd mit schmalem, rotem Rand und lacht. Ihn endlich zu sehen beruhigt mich augenblicklich.

Während ich ihn von Weitem gedankenverloren betrachte, ziehen alle Gäste ihre Stühle in die Mitte des Gartens und erwarten, tief in sich ruhend, den Sonnenaufgang. Da durchdringt mich die Ahnung vom Ganzen und ich muss weinen.

- 46 -

Viele Menschen laufen aufgeregt hin und her, rempeln sich einander an und schlagen sich versehentlich große, weiße Türen vor den Kopf. Alle sind orientierungslos und verunsichert, denn das Haus, in dem sie sich gezwungenermaßen befinden, ist ein

Kindergarten. Alles darin ist klein und von der Funktion her für Kinder gedacht.

Gleichzeitig ist alles alt an Jahren. Hier passt nichts zusammen und alle suchen einen Ausgang.

- 47 -

An der Stelle meines Elternhauses steht das Haus meiner Großeltern. Zu einer großen Familienfeier sind viele Gäste geladen, von denen ich selbst aber nur wenige kenne.

Nach einem unbedeutenden Streit mit meinem Großvater verlasse ich aufgebracht das Haus und renne die Straße hinunter.

Während einer kurzen Verschnaufpause bemerke ich, dass hinter dem dicken, alten Baum direkt vor mir ein dunkler Mann regungslos lauert. Unwillkürlich glaube ich in Gefahr zu sein und laufe vor ihm davon. Wie befürchtet rennt er mir nach.

Ich hetze den alten Weg entlang und komme schließlich atemlos wieder vor dem Haus meiner Eltern an. Hier treffe ich Ch.. Ohne zu überlegen übergebe ich ihr meine Angst wie einen Staffelstab und jetzt läuft der Unbekannte hinter ihr her.

Zuerst bin ich froh den Mann los zu sein, bis mir bewusst wird, in welche bedrohliche Situation ich Ch. gebracht habe. Wild mit den Armen fuchtelnd renne ich beiden nach. Entsetzt muss ich von Weitem mit ansehen, wie der Mann während des Laufens plötzlich einen goldenen Schlagring mit einer großen Perle aus seiner Hosentasche zieht.

Als er Ch. endlich erreicht, kratzt er ihr mit der scharfen Perle schmale Furchen in die weiße Haut, so dass scharlachrote Striemen quer über ihren linken Oberarm laufen.

Jetzt habe ich beide erreicht und werfe mich zornig auf den Rücken des Mannes. Er schüttelt mich ab, wendet sich um und zeigt mir warnend seinen Schlagring mit der Perle. Die funkelt und schillert giftig.

Ich schrecke entsetzt zurück und laufe Hals über Kopf davon. Als ich endlich erschöpft stehen bleiben muss, sehe ich, dass ich immer noch an der selben Stelle bin wie zuvor und der Mann mir inzwischen bedrohlich nah kommen konnte. Aber offenbar versucht er besonders listig zu sein, denn er hat sich auf einer Blumenrabatte hinter einen dünnen, jungen Baum gestellt, dass sein Kopf in dessen Blätterdach verschwindet. So, denkt er, sieht ihn niemand und er kann einen günstigen Augenblick abwarten, um dann überraschend aus seinem Versteck hervorzubrechen. Mutig schleiche ich mich an ihn heran und greife blitzschnell an seine Hose. In diesem Augenblick schreit der Mann auf. Ich lockere den Griff etwas und bemerke erst jetzt, dass ich seine Genitalien gefasst habe. Hartnäckig drücke ich immer wieder fest zu und löse anschließend das Fingerspiel.

Im gleichen Rhythmus schreit der Mann auf und verstummt. Jetzt habe ich ihn besiegt.

- 48 -

Ich stehe mit Ch., A. und A. auf dem grauen, glatt betonierten Hof meiner Großeltern. Eben treten sie aus dem Haus und begrüßen uns freudig. Keiner von uns muss erklären, dass wir gerade aus der Schule kommen, denn zwischen uns herrscht ein unausgesprochenes Selbstverständnis.

Der Hof meiner Großeltern endet an der gegenüberliegenden Seite in einer viereckigen Ausschachtung. Wenn man dort hineinschaut, sieht man in einen tiefen, schwarzen Schlund, der bis zur Hälfte mit schmutzigem Wasser gefüllt ist und an eine altmodische Hafenanlage erinnert.

Plötzlich kommt von der linken Seite ein kastenförmiges Schiff und schiebt sich mit seiner Vorderfront formschlüssig in die Ausschachtung. Sein metallener Rumpf ist glutrot wie ein Schmelztiegel.

Besorgt rufe ich: „Wir werden alle verbrennen.“

Aber meine Großmutter antwortet überzeugt: „Hier verbrennt niemand.“

Jetzt öffnet sich die vordere Ladeluke des Schiffes wie ein riesiges Maul und ein Haufen glühender Steinbrocken wird verklappt. Anschließend schiebt sich das Gefährt rückwärts lautlos wieder davon.

Die feurigen Steine sind versunken. Nur einige von ihnen ragen aus dem Wasser. Die zeigen beim Abkühlen überraschend die unterschiedlichsten Farben und schließlich - und für uns unfassbar - stehen wir vor einem Haufen Edelsteine. Ich erkenne Rosenquarze, Rubine und Smaragde von unglaublicher Größe und Schönheit.

Der Anblick dauert aber nur wenige Sekunden, dann werden alle Steine grau.

„Jetzt kannst du sie berühren“, höre ich meine Großmutter sagen.

Vorsichtig nehme ich einen Stein in die Hand und

beginne den grauen Staub mit einem Taschentuch von ihm zu reiben. Er wird immer sauberer und klarer, bis ich am Ende einen außergewöhnlichen Rosenquarz in den Händen halte.

Fasziniert denke ich, was für ein Reichtum da liegt - verborgen und ungesehen.

- 49 -

Ich gehe absichtslos einen schmalen Bergpfad hinauf. Rechts und links liegen grüne Wiesen, auf denen unzählige weiße Streublümchen wachsen. Unerwartet gelange ich am Ende des Pfades zu einem großen Zelt, in dem ein glorreiches Fest zu Ehren eines neuen Messias gefeiert wird. Leider kann ich ihn von hier aus nicht sehen, da mir die Sicht durch sein jubelndes Gefolge versperrt wird.

Neugierig geworden möchte ich aber bleiben und setze mich an einen der vollen Tische. Verwundert stelle ich erst jetzt fest, dass alle Menschen grüne Kleider tragen.

Da sehe ich Ch. direkt neben mir sitzen. Sie trägt als einzige Person eine orangene Tarnhose. Aufgewühlt sagt sie: „So ein Quatsch! Jesus lebt!"

Damit nimmt sie zwei Zeitungen vom Tisch, legt sie ausgebreitet auf die Erde und beginnt mit ausladenden Bewegungen wild darauf zu tanzen. Dazu singt sie provokativ: „Jesus lebt! Jesus lebt!"

Ich freue mich mit ihr und klatsche begeistert in die Hände, bis ich merke, wie böse uns die Leute an unserem Tisch ansehen. Ängstlich halte ich inne.

Aber schon ist das Fest vorüber und die Menschen

strömen hastig an mir vorbei den Hang hinunter, bis ich ganz allein bin.

Da gehe ich rechts herum und befinde mich plötzlich in einer hellen, weiten Halle. Sie ist anmutig im Jugendstil gebaut, ganz rein und wirkt seltsam kühl.

Auf der rechten Seite, hinter einer großen, milchigen Glastür mit verschnörkeltem Oberlicht, liegt meine Wohnung. Alle Gegenstände und Ornamente in ihr sind in zartgrünem, durchsichtigem Aquamarin und hellem Opal gehalten.

Als ich die Tür hinter mir schließe, reißt mit einem Mal ein unbestimmtes, fremdes Geräusch von Schritten im Irgendwo ab und es ist angenehm leise. Mich beruhigt zu wissen, dass ich nach allen aufregenden Sachen hierher nach Hause zurückkommen kann. A. fragt mich, wann wir zur Christenlehre gehen und unsere Stimme abgeben. Ich freue mich sie zu sehen und antworte fürsorglich, sie solle noch ein wenig schlafen.

Dann lausche ich gespannt in meine Wohnung und genieße deren Ruhe und atemberaubende Klarheit.

Plötzlich klopft es. Neugierig öffne ich die Tür. Da verstopft unwillkürlich eine große Menschenmenge den Türrahmen. Alle drängeln wie Paparazzi und fordern mich drohend auf, ich soll den Messias anerkennen. Ich bin empört über so viel Zudringlichkeit und erkläre ausdrücklich, dass ich meine Ruhe haben will. Dabei schubse ich den vordersten Mann solange an der Schulter, bis eine Frau mit goldener Brille zu mir sagt, dass es die in einer bestimmten Straße teuer zu stehen kommen wird.

Jetzt erst wird mir meine schlechte Position bewusst. Ich bin tief erschrocken und habe Angst vor unangenehmen Konsequenzen. Da mir keine andere Lösung einfällt, schreie ich laut auf und falle kerzengerade nach hinten um.

Als ich wieder zu mir komme, sind die Menschen einfach in meine Wohnung getreten und betrachten neugierig meine persönlichen Dinge wie allgemeine Ausstellungsstücke. Von Weitem sehe ich ein leises Bild mit konzentrierten Menschen vor großen Glasvitrinen.

Mit heftigem Nachdruck schmeiße ich alle raus. Krachend fällt die Tür hinter ihnen ins Schloss und ich bin wieder allein. Zuerst horche ich, ob A. durch den Lärm wach geworden ist. Aber sie schläft und ich atme beruhigt auf.

Da scheint es mir, als klopfe es noch einmal ganz zart an meiner gläsernen Wohnungstür. Ich öffne einen kleinen Spalt und sehe vorsichtig hinaus.

Überrascht weiche ich zurück, denn es ist der Messias selbst, der gekommen ist um mich zu überzeugen. Er sieht wunderschön aus, trägt ein enges, dunkles Oberteil und eine wirklich extravagante, schwarze Hose, in deren Beine weißer, feinfließender Stoff in Falten zu länglichen Ornamenten eingearbeitet ist. Sein langes dunkles Haare ist zu einem Zopf streng nach hinten gebunden - seine ganze Erscheinung ist sinnliche Eleganz.

Die Aura, die ihn umgibt, ist so stark, dass sie mich wie ein warmer weicher Wind umfängt. Ich bin ganz und gar gefesselt von diesem Mann. Wortlos steht er vor mir und ich bestaune schwärmerisch diese Begegnung.

- 50 -

Endlich bin ich bei meinem Haus angekommen. Es ist schmal wie ein Turm und so hoch, dass sein Dach fast in den Wolken verschwindet. Für eine Treppe ist im Hausinneren kein Platz. Aus diesem Grund ist eine lange Trittleiter von außen an die Fassade gelehnt. Während ich noch vergrübelt vor dem Haus in einem Graben hin und her spaziere, verstaut A. schon Unmengen von Decken und Kissen in unserer Wohnung, die sich im offenen Giebel des Hauses unter dem Dach befindet. Ohne Unterlass quetscht sie die vielen weichen Dinge bis in den letzten Zwischenraum.

Nachdem ich sehr viel Zeit verloren habe, will ich endlich auch hinauf. Zuerst kontrolliere ich, ob die Leiter wirklich fest steht, indem ich an ihr rüttle und beginne dann mit dem Hinaufklettern.

Als ich die Hälfte des Aufstiegs geschafft habe, lösen sich plötzlich, ohne ersichtlichen Grund alle Decken und Kissen aus ihrer Spannung und fliegen, wie von einer Sprungfeder herauskatapultiert, an mir vorbei hinab auf die Erde. Entgeistert sehe ich ihnen nach, denn ich weiß, dass ich zu müde bin um sie noch einmal hinaufzuschaffen.

Ich sehe zu A. hoch. Sie scheint das Malheur nicht mitbekommen zu haben, denn sie kniet ganz ruhig an der äußersten Kante des Bodens und ist in eine fesselnde, erfüllende Handarbeit vertieft. Bevor noch etwas Unerwartetes passiert, setze ich meinen Aufstieg eilig fort.

Oben angekommen stelle ich erleichtert fest, dass kein

Grund zur Aufregung besteht und ich ohne die Decken und Kissen einen viel besseren, detaillierteren Überblick über meine Wohnung habe.

Mit meinen Augen prüfe ich die Vollständigkeit meiner persönlichen Dinge, als ich plötzlich im hinteren Teil des Raumes zwei verschreckte Kinder entdecke, die sich ängstliches aneinander kauern und die nicht zu mir gehören. Interessiert beobachte ich sie eine Weile wortlos und noch während ich mir überlege, was ich mit ihnen machen soll, höre ich jemanden die Leiter heraufkommen. Instinktiv weiß ich, dass es ein dunkler Mann ist und ich in Gefahr bin entführt zu werden.

Nervös suche ich nach einem Fluchtweg - umsonst. Da entscheide ich mich spontan die fremden Kinder vorsorglich aus dem Haus zu schaffen.

Ich nehme das Oberteil eines alten Kinderwagens, binde einen rosa Luftballon daran fest und fordere sie mit strengen Gesten auf in das improvisierte Luftschiff einzusteigen. Obwohl ich sehe, dass sie sich zu Tode fürchten, habe ich keine Zeit für Erklärungen. Als sie endlich sitzen, schiebe ich das Flugobjekt langsam aus dem offenen Giebel. Leise schweben die Kinder von mir weg.

Inzwischen ist der Mann bedrohlich weit heraufgestiegen, aber das ist mir jetzt egal, denn ich weiß, dass ich nichts mehr zu befürchten habe. Schadenfreude erfüllt mich, weil ich so listig bin.

- 51 -

Ich sehe mit verklärtem Blick über eine weite Sommerwiese, auf der loses, duftendes Heu liegt. Am gegenüberliegenden Wiesenrand stehen zwei junge Männer und winken mir freundlich zu. Der eine ist schwarz, der andere weiß gekleidet. Unentschlossen bleibe ich stehen und wäre doch so gerne zu ihnen hinüber gegangen.

- 52 -

Ich stehe auf einer Wiese, die über und über mit fremden Menschen gefüllt ist. Die haben keine Gesichter und tragen uniform rosa Kittelschürzen. In diesem unüberschaubaren Menschenmeer bin ich völlig orientierungslos. Ich sehe keinen Weg und wage auch niemanden danach zu fragen. Also quetsche ich mich weiter ohne Ziel durch die Enge und plötzlich beschleicht mich das ungute Gefühl, dass ich niemals jemanden Bekanntes jemals wiedersehen werde.

- 53 -

Ich sitze in einem hell erleuchteten Festsaal auf einer Empore in einem Separee. Vor mir steht ein achteckiger Tisch, der nur für mich gedeckt wurde. Ich freue mich grenzenlos darüber und prüfe schätzend mit meinen Augen die Dinge, die sorgfältig auf ihn gelegt wurden.
Am meisten interessieren mich einige umgedrehte

Bilder, die ich eins nach dem anderen hoch nehme und neugierig betrachte. Manche von ihnen sind kolorierte Zeichnungen, andere unfertige Collagen mit kleinen, goldenen Häusern, die ich auf dem Papier hin und her schieben kann. Das Schauen und zwanglose Spielen mit den schönen Dingen zerstreut mein ernstes Gemüt und erfüllt mich am Ende mit dem Gefühl später Genugtuung.

Ich vertiefe mich in ein Bild, dass mir besonders gut gelungen scheint. Seine Konturen entwickeln sich schwebend aus einem goldenen, staubigen Blatt und zeigen das schöne Gesicht von M.. Meine Gedanken gleiten beim Betrachten in die Vergangenheit und ich sinne über alte Zusammenhänge nach, als ich plötzlich Stimmengewirr aus dem Festsaal unter mir höre.

Der Lärm stört meine Konzentration und eine starke, innere Aufregung bewegt mich augenblicklich. Ich beuge mich verwundert über die Brüstung meines Separees und kann gerade noch das Ende einer feierlichen Zeremonie sehen, in der man M. lobt und auszeichnet. Wie beseelt steht sie lächelnd neben dem Laudator. Sie trägt das Haar jetzt anders als früher und hat ein nachtblaues Kostüm an. Ich rufe ihr zu: „M., hier oben bin ich!"

Überrascht blickt sie zu mir und kommt dann die Treppe heraufgelaufen. Ich empfinde eine unsagbare Freude sie wiederzusehen. Dann umarme und küsse ich sie.

– 54 –

Ich stehe auf dem schmutzigen Hof eines alten Fabrikgeländes. Zu meiner Rechten ahne ich eine flache geschlossene Werkhalle. Vor mir wird das Gelände durch ein offenes Gebäudeskelett aus rostigen, verschweißten Stahlträgern auf einer sauberen Betonplatte begrenzt. Der Dreck auf dem Hof ist so tief, dass man bis zu den Knöcheln darin versinkt. Deshalb hat jemand aus grob gesägten Schwartenbrettern einen schmalen, schwimmenden Steg darüber gelegt.

Auf dem erreicht man, wenn auch sehr wacklig, die gegenüberliegende, offene Halle. Dorthin führt mein Weg.

Plötzlich spricht mich von rechts eine dicke Frau mit ausdruckslosem Gesicht an. In ihren Händen hält sie zwei locker aufgewickelte Stoffballen, deren weiße, flauschige Bahnen zirka fünfzehn Zentimeter breit sind und auf beiden Seiten von schmalen roten Linien begrenzt werden.

Die Frau bittet mich, die Ballen mit in die Halle zu nehmen. Mir ist nicht ganz wohl bei dem Gedanken, denn ich habe zusätzlich noch einen Kinderwagen bei mir und sehe ohnehin einen schwierigen Balanceakt voraus. Da ich mir aber nicht traue, ihr die Bitte auszuschlagen, schiebe ich schließlich mit der linken Hand den Kinderwagen über den unsicheren Brettersteg und auf der rechten Hand jongliere ich die beiden übereinander gestapelten Stoffdinger, obwohl mich die Verantwortung für ihr ordentliches Ankommen unter den widrigen Umständen fast erdrückt. Ich zittere vor Konzentration und krampfhafter Vorsichtigkeit.

Dazu kommt noch, dass ich nichts sehen kann, denn in dem Kinderwagen liegt ein riesiges Kissen als Decke und ich kann weder links noch rechts daran vorbeischauen. Also immer auf die große, weiße Fläche starrend, ringe ich mich ganz langsam vorwärts.

Endlich erreiche ich die offene Halle. In meiner maßlosen Freude darüber, überkommt mich beim ersten Schritt auf festem, sauberem Boden ein voreiliges Gefühl von Sicherheit und wie zum Zeichen einer Warnung fällt in diesem Augenblick achtloser Unaufmerksamkeit der oberste Stoffballen auf den Boden und wickelt sich ab wie eine Schlange. Ungläubig verfolge ich die Szene mit den Augen - in Zeitlupe. Dann schießt mir durch den Kopf, dass ich den Vorfall verheimlichen muss und den Schal so schnell wie möglich wieder aufrollen sollte, bevor er schmutzig wird.

Aber beim Fallen hat sich der Stoff bereits verändert. Er ist zu einem störrischen, roten Filzstreifen geworden, den ich hastig versuche so gut wie möglich aufzuwickeln.

Da betreten ein junger Mann und eine junge Frau die Halle von rechts. Schnell verstecke ich mich hinter dem Kinderwagen um unentdeckt zu bleiben.

Sie sehen mich tatsächlich nicht und ich habe noch ein bisschen Zeit meine Arbeit zu beenden. Als ich endlich fertig bin, werfe den Ballen rückwärts über das riesige Kissen direkt auf sie zu.

Dadurch angelockt kommen die beiden sich vorsichtig herantastend in mein Versteck. Der Mann sagt: „Ach,

hier versteckst du dich, da kann dich ja niemand finden. Wir suchen die Stoffballen. Warum hast du sie?"
Ich erzähle ihm von der dicken Frau und von dem Missgeschick mit einem der Ballen. Beide lächeln mich geduldig an und der Mann sagt: „Mach dir keine Sorgen. Es erstaunt uns nur, da eigentlich die Musikschule darauf aufpassen sollte."
Ich frage ihn noch, ob der Stoff für lange Vorhänge oder für die Schärpen an den Hüten gedacht ist. Aber er antwortet nicht. Nun reden wir nichts mehr, denken und alles bleibt offen.

- 55 -

In einer Plattenbausiedlung, die ganz und gar von Licht und Sonne durchflutet ist, steht auf dem Bürgersteig T.. Von Weitem lächelt er mir spitzbübig zu. Während ich ihm freudig, mit einem wunderbaren Gefühl von Leichtigkeit entgegeneile, bemerke ich, dass T. seinen linken Arm hinter den Rücken hält um etwas vor mir zu verstecken.
Jetzt steht er unmittelbar vor mir und schmunzelt mich listig an. Erwartungsvoll versuche ich an ihm vorbei zu schielen um ihm sein Geheimnis zu entlocken. Da reicht er mir zu meinem Erstaunen einen großen, roten Apfel. Mich erfüllt tiefe Dankbarkeit.

- 56 -

Ich stehe in der unteren Etage des alten Hauses. Vor mir liegt der letzte Ausgang, der in einen sonnigen

Garten führt. Durch die großen, milchgläsernen Flügel
der Tür fallen weiße Lichtstreifen in das Zimmer und
auf den Boden und versetzen alles in eine sonderbare
Stimmung.
Ich fühle mich ausgesprochen wohl und freue mich,
das alte Haus endlich verlassen zu können.
Beim Hinausgehen streichele ich mit der flachen Hand
zum Abschied über alle mir vertrauten und liebge-
wonnenen Dinge.
Als ich schließlich in den Garten trete, bin ich erstaunt,
wie kalt es hier ist, obwohl die Sonne alles in helles
Licht taucht. Ich schlinge meine Arme um meinen Leib
um mich zu wärmen und sehe mich vorsichtig um.
Entlang des ganzen Hauses stehen mit weißen
Tüchern eingedeckte, hölzerne Tische. Auf ihnen sind
verschiedenste Kuchen und süßes Gebäck angerichtet.
Unentschlossen gehe ich von einem Kuchen zum
anderen und rieche skeptisch an ihnen. Bald komme
ich dahinter, dass sie nicht mit Butter, sondern mit
Schmalz gebacken sind. Das macht sie für mich leider
ungenießbar.
Ich grübele noch verwundert darüber nach, als plötzlich ein großer brauner Bär hinter mir steht. Er denkt,
ich möchte etwas von den Köstlichkeiten naschen und
versucht mich daran zu hindern. Drohend richtet er
sich auf und schnaubt wütend. Ich sterbe fast vor
Angst, aber als er mich schließlich mit seinen großen
Tatzen umarmt, erkenne ich die Notwendigkeit des
Verzichts.

- 57 -

Ich liege mit einem rosa Krankenkittel bekleidet auf einem Bett und warte gespannt darauf, dass etwas passiert.

Da beugt sich plötzlich ein dunkler Mann dicht über mich. Er strahlt so viel Wärme aus, dass ich das Gefühl habe zu ersticken. Mit leiser, verführerischer Stimme flüstert er mir ins Ohr, dass ich keine Angst haben soll - nichts tut weh.

Dann nimmt er ein scharfes, altes Rasiermesser und schneidet peinlich genau die untere Kontur meiner Augenbrauen nach.

Ich stehe selbst neben mir und betrachte ungläubig meine Wunden - erstaunt darüber, dass sie nicht bluten.

- 58 -

Ich gehe an einem sonnigen Tag mit einem mir sehr vertrauten Mann über eine breite, barocke Brücke. Wir sind völlig unbeschwert und plaudern angeregt miteinander.

Leider kann ich selbst nicht hören, worüber wir reden, obwohl ich gespannt lausche.

In diesem Augenblick hält mein Begleiter inne und erklärt entschlossen: „Ich schlafe nur mit einer aufgeräumten Frau."

Damit dreht er sich um und lässt mich stehen. Diese Plötzlichkeit irritiert mich über die Maßen. So ein Pech, denke ich, dass meine Wohnung nicht aufge-

räumt ist und ich auch keine Lust habe sie in Ordnung
zu bringen.

- 59 -

Ich stehe mit einem mir sehr vertrauten Mann in meiner Küche. Wir wollen Milchkaffee trinken.
Dazu gieße ich für jeden eine halbe Tasse voll schwarzen Kaffee und möchte eben den fehlenden Rest mit
Milch auffüllen, als ich gerade noch rechtzeitig bemerke, dass in der Milchflasche nur ein einziger weißer
Klumpen geronnener Sahne schwimmt. Ich selbst
weiß, dass der Kaffee mit dieser fest gewordenen
Masse besonders gut schmeckt. Aber der Brocken in
der Flasche sieht so unappetitlich aus, dass ich
befürchte, sein Anblick werde meinen Begleiter
erschrecken oder ekeln, noch bevor ich ihm etwas
dazu erklären kann. Er soll die Flasche deshalb gar
nicht erst sehen.
Schnell verstecke ich sie hinter meinem Rücken und
schüttle sie dort so kräftig, dass sich der Klumpen
durch die heftigen Stöße wieder verflüssigt. Mit der
entstandenen dicken Creme fülle ich den Kaffee auf.
Nun schwimmen auf seiner Oberfläche kleine, gelbe,
fettige Blasen. Wir stieren beide in die Tassen und sind
verlegen.

- 60 -

Ich gehe nachts mit meiner Mutter über das glitschige
Katzenkopfpflaster eines finsteren Kirchhofes.

Auf der linken Seite des Platzes steht eine schmierige Spelunke, deren Fenster hell erleuchtet sind. Daraus schallt, abstoßend und einladend zugleich, lautes geselliges Lachen und Kreischen.
Plötzlich geht die Tür des offenen Hauses auf und S. tritt heraus. Er scheint uns nicht gesehen zu haben und geht in der Dunkelheit einige Schritte vor uns her. Ich rufe: „Hallo, S.! Ich bin es doch."
S. bleibt stehen und blickt verwundert in unsere Richtung. Als er mich schließlich erkennt, freut er sich mich zu sehen. Ich möchte ihn mit meiner Mutter bekannt machen, aber noch bevor ich dazu komme, geht sie wortlos an uns vorbei. Sie ist nicht interessiert. S. macht mir den Vorschlag in der Spelunke gemeinsam etwas zu trinken.
Ich nehme seine Einladung gerne an und wir betreten den Gastraum. Hier sind alle sehr betrunken und lachen so zügellos und lauthals, dass ich sogar ihre Zähne sehen kann. Mageres Licht taucht ihre Haut in gelbe Farbe, auf der tiefe, schwarze Schatten liegen und seltsam und skurril erscheinen mir ihre zu grauenhaften Fratzen verzerrten Gesichter.
Aber mit der Zeit werde auch ich immer betrunkener.

- 61 -

Ich habe mich von einer schweren Krankheit erholt und gehe das erste Mal danach prüfend durch die Wohnung, die eine Mischung aus dem Zuhause meiner Eltern und aus meinem eigenen ist. Ich registriere in allen Zimmern Kranke.
Auf der rechten Seite entdecke ich schließlich mein

altes, abgedunkeltes Kinderzimmer. Die blaue Matratze in der Mitte des Raumes war noch bis eben mein eigenes Krankenlager. Dort liegt jetzt meine Mutter. Auch sie ist in schlechter Verfassung.
Ich setze mich dicht neben sie und schlürfe aus einer vornehmen Tasse laut meinen Tee. Meine Mutter sagt, dass sie das sehr stört und dass sie es mir schon lange sagen wollte. Sie meint, seitdem ich T. kenne, haben sich meine Gewohnheiten sehr zum Nachteil verändert. Bei dieser Gelegenheit erinnert sie mich gleich daran, dass es Zeit ist sich zu waschen und die Zähne zu putzen.
Dazu habe ich aber geheime Bedenken, die mich seit einiger Zeit quälen und die ich ihr gegenüber nicht äußern möchte. Ich fürchte mich vor dem Zähneputzen, denn alle meine Zähne sind locker. Sie wackeln so fürchterlich hin und her, dass ich glaube, dass sie unter der kleinsten Belastung herausfallen. Natürlich möchte ich sie jetzt nicht unnötig strapazieren.
Dennoch nehme ich folgsam meine Zahnbürste und beginne ganz vorsichtig und langsam mit dem Putzen. Aber wie befürchtet löst sich plötzlich ein Zahn ab und ich spüre, wie er direkt in meinen Mund auf die Zunge fällt. Er fühlt sich an wie ein kalter, weißer Stein aus Porzellan. Erschrocken höre ich sofort auf mit dem Putzen. Aber ich habe scheinbar einen automatischen Prozess in Gang gesetzt, denn schon ein zweiter Zahn hängt, nur noch an einem Hautfaden hin- und herbaumelnd, in meinem Mund, bis er endgültig vom Zahnfleisch reißt. Einen nachgerutschten Dritten drehe ich vorsichtshalber gleich selbst heraus.

Voller Angst, dass mir am Ende alle Zähne ausfallen werden, betrachte ich die Brocken in meiner Handfläche. Ich bin entsetzt über ihre außerordentliche Größe und ihr komisches Aussehen.

Ratlos zeige ich den ganzen Schlamassel meiner Mutter. Sie sagt, das sei nicht so schlimm. Hauptsache, die Zähne wären sauber.

- 62 -

Es ist ein schöner sonniger Tag. Ich stehe vor einer großen vornehmen Villa, deren schlichter Treppenaufgang außen in der Mitte der Fassade verläuft und das Haus nicht nur optisch in zwei symmetrische Hälften teilt.

In jeder Etage befindet sich rechts und links jeweils ein Fenster, das an seiner oberen Kante einen dreieckigen Abschluss aus Holz hat.

Aus jedem Fenster schaut jemand heraus. Als ich jedoch genauer hinsehe, erkenne ich, dass es keine wirklichen Menschen, sondern große, alte Schwarz-Weiß-Fotografien von mir sind. Mit hauchdünnen, fast unsichtbaren Bindfäden sind sie in die Fensterrahmen gespannt.

Die Fotos sind unglaublich gut gelungen und wirken fast mondän. Ich kann mich gar nicht daran erinnern, jemals solche Bilder von mir gesehen zu haben.

Auf einmal steht S. neben mir. Er sieht gut aus und sein langes, blondes Haar fällt wie Wellen über seine Schultern.

Ich schlage ihm vor in das Haus zu gehen.

Dann sind wir in einem weißen, leeren Zimmer im

Erdgeschoss. Hier knien wir uns wie miteinander verschmolzen auf den Boden. Ich öffne meinen Mund und ohne mein Zutun schwingt ein heller, reiner Ton aus mir hervor. Der ist so vollkommen klar, dass er, selbst als ich den Mund wieder schließe, wie ein Wunder im Raum weiterklingt und ihn ganz ausfüllt. Ich lausche fasziniert und sinke bald ins Nichts.

- 63 -

Ich warte gespannt und ungeduldig in einer langen Menschenschlange vor einem geheimnisvollen Zimmer, dessen Inhalt nur demjenigen bekannt ist, der bereits einen vertraulichen Blick hineinwerfen konnte. Niemals hat jemand anschließend über das Gesehene gesprochen.
Als ich endlich an der Reihe bin, öffnet sich würdevoll eine schwere Tür und ich sehe, dass sich nur ein winziger, fensterloser, muffiger Raum dahinter verbirgt. Er wird ganz von einem riesigen Ohrensessel ausgefüllt. Darin sitzt meine Mutter. Sie hat lange, rotlackierte Fingernägel an ihren alten Händen und ihr faltiges Gesicht ist mit auffälligen Farben üppig geschminkt.
Entgeistert versuche ich mir einen Reim darauf zu machen. Als sie dann auch noch sagt: „Man muss doch einmal etwas Neues ausprobieren", bin ich gänzlich peinlich berührt.
Ich wende mich mit Abscheu und Ekel von ihr ab und weiß in diesem Augenblick, dass ich etwas sehr Vertrautes verloren habe.

- 64 -

Ich sehe meine rechte Hand. An einem ihrer Finger steckt mein silberner Ring. Bei genauerem Hinsehen entdecke ich, dass das Metall unter die Haut gewachsen ist. Ich kombiniere, dass eine scharfe Kante den Finger wahrscheinlich eingeschnitten haben muss und nun ein Streifen wildes Fleisch das fremde Ding überwuchert.

Der Gedanke widert mich an und ich beginne vorsichtig den Ring aus dem Fleisch zu pulen. Jeden Augenblick erwarte ich einen beißenden Schmerz, aber selbst als ich ihn später aus der zerfetzten Wunde ziehe, tut es nicht weh.

Nun betrachte ich neugierig den Ring und mir wird klar, wie das Malheur passieren konnte. An der Rückseite des Ringes befindet sich eine schwache Stelle. Dort war er gebrochen, hat sich heimlich in die Haut eingeschnitten und ist schließlich mit meinem Finger verwachsen. Ich bin froh, dass er wieder heraus ist.

- 65 -

A. steht vor mir und hält die rechte Hand hinter seinen Rücken. Offenbar will er etwas vor mir verbergen. Auf mein unaufhörliches Drängen zeigt er mir schließlich einen Brotkorb. Darin liegen zwei Scheiben Knäckebrot. Er sagt: „Ich esse so gerne Knäckebrot."
Ich bin verwundert über die Banalität seines Geheimnisses.

Ich träume sehr lebendig, dass ich einen Knoten in meiner Brust habe. In meinem Traum fühle ich ihn ganz deutlich mit meinen Fingerspitzen. Vor Schreck erwache ich und taste meine rechte Brust ab.
Tatsächlich spüre ich eine kirschkerngroße Verhärtung am äußeren Rand.
In meine Verängstigung hinein klingelt das Telefon. Ich springe schnell aus dem Bett und haste in den Flur an den Apparat. Ein Mann mit einer mir unbekannten, leisen Stimme sagt: „Ich möchte mich mit ihnen über etwas unterhalten, wovon sie noch keine Ahnung haben." Dann wird das Gespräch plötzlich unterbrochen.
Benommen lege ich mich wieder ins Bett und überlege angestrengt, wie ich den Tag zeitlich ordnen kann. Ich will unbedingt noch zum Arzt gehen, aber arbeiten muss ich auch noch. Ich fühle mich von allem überfordert und denke, dass ich gleich aufstehen sollte. Dabei wälze ich mich so schnell hin und her, dass die Farben vor meinen Augen zu einem dunklen Türkis verschwimmen.

- 67 -

Vor meinen Augen flimmert ein grüner Bildschirm. Es ist der Überwachungscomputer der Flaschenannahme.

- 68 -

Ich stehe mit T. vor einer alten Burg aus großen grauen Feldsteinquadern. Die Wände sind so hoch, dass man den Kopf in den Nacken legen muss um die Mauerkrone und die Dachspitze sehen zu können.

Auf einmal entdecke ich für einen flüchtigen Moment einen heimlichen Lauscher zwischen den Zinnen und obwohl er eine rote Maske mit Hörnern trägt, glaube ich instinktiv zu wissen, dass es M. war. Über das merkwürdige, linkische Getue beunruhigt, drängt es mich einerseits T. darauf aufmerksam zu machen, aber andererseits möchte ich ihn nicht unnötig aufregen, falls ich mich geirrt haben sollte. Deshalb erfinde ich eine alte, angeblich wahre Geschichte, in die ich das eben Gesehene vorsichtig hineinerzähle - also, dass ich eines Tages vor einer hohen, alten Burg stand und M. mich belauschte.

Bis zu diesem Augenblick stand T. wie ein abwesender Schatten neben mir - jetzt reagiert er plötzlich.

„Er hat dich wirklich belauscht?", fragt er mich skeptisch.

Der unerwartet lauernde Tonfall seiner Frage verunsichert mich und ich versuche durch devotes Hin-und Herwinden meines Körpers um eine plausible Antwort herumzukommen. Dabei konzentriere ich mich noch einmal auf das, was ich glaube gesehen zu haben. Aber durch mein kompliziertes Denken habe ich offensichtlich den Überblick über meine Erinnerungen verloren, und nun gleicht die Vergangenheit der Gegenwart und ich kann sie nicht mehr genau voneinander unterscheiden.

Während ich angestrengt darüber nachsinne, wann das angefangen hat und ob ich mir vielleicht bisher alles nur ausgedacht habe, beschleicht mich obendrein das unangenehme Gefühl, ich wäre beim Lügen ertappt worden.

Doch plötzlich sehe ich M.'s unmaskiertes Gesicht zwischen den Zinnen. Da zerstreuen sich meine Zweifel und ich entspanne erleichtert.

- 69 -

Es ist eiskalt. Die ganze Welt ist verschneit und der Schnee liegt meterhoch.

A. und ich sind auf der Flucht. Es ist eine hektische Irrfahrt mit unserem Auto. Wir rasen mit hundert Sachen durch eine unbekannte Gegend. Der Wagen schlingert mehr auf der vereisten Fahrbahn, als dass er wirklich fährt. Plötzlich überschlägt er sich und schlittert auf dem Dach weiter. Ich bin angeschnallt und bleibe auf meinem Sitz, aber A. ist in den Innenraum gefallen und wimmert vor Angst.

Trotz meiner eigenen Hysterie versuche ich sie zu beruhigen. „Alles wird gut", sage ich häufig. „Gleich kommen wir wieder auf die Beine." Und tatsächlich rollt sich das Auto kurze Zeit später von selbst zurück auf die Räder und A. beruhigt sich langsam.

Die Hetze geht pausenlos weiter und ich lenke wie besessen den Wagen.

Zu allem Unglück wird die Straße auf beiden Seiten unaufhörlich durch riesige Schneeverwehungen verengt, die schließlich auf die Breite eines Autos abgestochen werden mussten. Die so entstandene Schleuse ähnelt einer eisigen Bobbahn und instinktiv weiß ich, dass sich der Wagen noch einmal auf den Kopf legen muss um mit uns durch die Enge rutschen zu können. Ich ermahne A. jetzt eindringlich sich anzuschnallen, dann gebe ich Gas. Das Auto wendet sich wie erwartet bereits nach wenigen Metern. Es poltert und kracht. Wir schreien vor Angst und denken, das Ding bricht auseinander. Noch ein letztes Mal dreht es sich zurück und schleudert dann vor ein großes, finsteres Gebäude. Verängstigt steigen wir aus und treten zögernd in das Haus, welches auf den ersten Blick eine unübersichtliche Ansammlung von langen, engen Korridoren mit winzigen seitlichen Nischen zu sein scheint.

Wir können zwar nicht genau sagen, was wir hier vorzufinden hofften, sind aber enttäuscht, als uns in den schmalen Gängen nur ignorante Fremde begegnen. Da es wegen der Umstände keinen elektrischen Strom gibt und nur wenige Kerzen angezündet wurden, die tiefe, schwarze Schatten auf die Gesichter legen, wirken die Umhereilenden fast gespenstisch.

Endlich entdecke ich dann doch in einem niedrigen Zwischengang M.. Erleichtert jemanden Bekanntes zu treffen, rufe ich ihr vom Korridor aus zu. Sie bringt uns eine Tasse heißen Tee mit Zitrone. An ihren dunklen Augenringen sehen wir, dass auch sie erst vor wenigen Minuten nach langem Umherirren hier eingetroffen sein muss. M. sagt: „Es hat viel Mühe gekostet, aber jetzt bin ich zu Hause."

Ich freue mich wirklich für sie, weiß aber in diesem Moment, dass meine Reise mit A. hier noch nicht zu Ende sein kann. Alles an dem Haus ist für mich fremd und unheimlich. Ich träume von unserem verlorenen, hellen, freundlichen Zuhause und hoffe es bald wiederzusehen. A. scheint den selben Gedanken zu haben - der schwingt derart stark in uns, dass wir uns wortlos ganz fest die Hand drücken - wie zu einem Geheimbund.

- 70 -

Ich stehe nicht alleine am Anfang einer Straße, die geradeaus in einen schwarzen Wald führt. Es ist kurz vor Mitternacht und der schwere Dunst, der in der Dunkelheit liegt, hat bis auf wenige Ausnahmen alles Licht geschluckt. Nur der schmale Schein einer Straßenlaterne beleuchtet einen Kreis, in dem wir stehen und der das eigentliche Zentrum aller Vorgänge ist.

Zu beiden Seiten der Straße liegen vermutlich dunkle Wiesen. Die Fläche auf der linken Seite wird von einer Querstraße geteilt, die ihren Anfang in unserer Straße nimmt und weiter außerhalb in einer Reihe schwach erleuchteter Häuser endet. Rechts ist alles schwarz. Erwartungsvoll blicken wir uns um, immer bemüht den hellen Lichtkegel nicht zu verlassen.

Wir - das sind vier in Zusammenhang stehende Personen. Meine alte Mutter und Ich - wir sind starke, eindeutige Einzelpersonen. Die beiden anderen sind schwächere, gemischte Wesen, die einer logischen Folgerung entspringen. Eins besteht aus meiner Mutter und mir und das Zweite ist eine Kombination aus mir als kleine Tochter und mir selbst. Insgesamt begreife ich uns alle als viermal *Ich*. Das ermöglicht mir die Vorgänge aus verschiedenen Positionen zu beobachten.

Plötzlich verlässt das Wesen aus meiner Mutter und mir zu unserem Schreck den bergenden Lichtkreis und geht auf die linke Querstraße. Von dort sagt es: „Es ist die beste Zeit einen Hirsch brüllen zu hören. Hier, genau auf dieser Straße neben dem Graben, werde ich einen anlocken. Wir können ihn dann oben am Waldrand sehen."

Durch meinen verwobenen Anteil in allen Personen weiß ich, dass ich das gesagt habe, ermutigt durch die körperliche Anwesenheit meiner Mutter in mir. Das macht mich jetzt ganz wach und *Ich* positioniere mich unterstützend außerhalb des Lichtkreises.

Von dort aus beobachte *Ich* die Skepsis der Zurückgebliebenen zu meinem Fortgang. Besonders das andere Mischwesen scheint außerordentlich nervös zu reagieren. Aufmerksam spüre *Ich* seiner Unruhe nach und versuche sie durch Konzentration unter Kontrolle zu bringen. Schließlich stabilisiert mein fester, durchdringender Einfluss seinen Zustand und wir alle pulsieren endlich wieder im Gleichklang. Diese abgerungene Einigkeit ist der gemeinsame Ursprung für die zögerlich wachsende Billigung meines abenteuerlichen Unternehmens.

Die Hände zu einem Trichter an den Mund gelegt, ahme ich jetzt einen röhrenden Hirsch nach.

Zu diesem Zeitpunkt kehre *Ich* in die sichere Distanz des Lichtkreises zurück und wir beobachten erwartungsvoll den Waldrand. Dort muss das Tier gleich erscheinen.

Stattdessen aber trabt ein mächtiger, überdimensionaler Hirsch auf der nahen Querstraße heran. Ich, als kleine Tochter aus dem Lichtkreis heraus, entdecke ihn zuerst, bevor ihn dann auch die anderen sehen.

Er trägt ein gewaltiges Schaufelgeweih auf dem Kopf, den er majestätisch stolz in den Nacken geworfen hat. Es ist eine so stattliche Erscheinung, dass uns vor Bewunderung entgeht, wie bedrohlich die Situation für mich auf der Straße geworden ist, denn das Tier ist gefährlich und setzt zum Angriff an.

Erst in diesem unheilvollen Moment sehe *Ich* unerwartet und völlig überraschend aus der Entfernung heraus in der sublimen Substanz aus meiner Mutter und mir ganz deutlich eine vollendete Frau. Sie trägt eine hübsche blaue Jacke und steht vollkommen still. Zum ersten Mal offenbart sich mir ihr scheues empfindsames Wesen, ihr Alleingelassensein, ihre Hilflosigkeit, ihr selbstdefiniertes Gefängnis und ihre große, schöne Abgefundenheit. Diese Entdeckung macht mich plötzlich so betroffen, dass im selben Augenblick für alle Zeiten alle Rebellion in mir stirbt. Gezähmt sinke *Ich* in wohltuende Einfachheit an die linke Seite meiner Mutter hinüber.

Während *Ich* noch verwundert über die Zusammenhänge nachsinne, senkt der Hirsch seinen Kopf und rast auf uns zu. Er versetzt uns einen kurzen heftigen Stoß, der uns in den finsteren Graben neben der Straße schleudert. Im lang ersehnten Augenblick der Vereinigung fliegen wir zusammen in die Dunkelheit.

Uns Verbliebene erfasst Entsetzen. Im Schutz des Lichtes krallen wir uns panisch ineinander. Keiner von uns wagt es, zum Graben zu gehen.

Da entsteht vor meinen Augen das Bild hinter dem Graben. Die blaue Frau ist tot. Sie liegt ganz ruhig auf der Seite, so als ob sie schläft. Ihr friedlicher Anblick tröstet mich und *Ich* wende mich fürsorglich dem zurückgeblieben Mischwesen zu. Es steht verängstigt neben meiner Mutter und blickt mich erwartungsvoll an. Für einen Moment beschleicht mich das bedauernde Gefühl, dass die Tote den besseren Teil von mir besessen hat - einen wesentlich erwachseneren Zug, den *Ich* sehr geschätzt habe. Was jetzt vor mir steht, braucht noch sehr viel Aufmerksamkeit und Schutz. Es werden viele Jahre vergehen, bis es mich ergänzt. Bis dahin ist die Tochter in mir unreif, ängstlich und mir eine Last.

- 71 -

Es ist Krieg. Absoluter Krieg. Das hat nichts mehr damit zu tun, dass jemand gemeuchelt wird. Es gibt kein Blutvergießen. Alles ist trocken und sauber. Nur hetzen überall stumme Menschen umher und versuchen sich hinter roten Backsteinmauern zu verstecken. Niemand berührt jemanden dabei, denn alle winden sich so geschickt aneinander vorbei, dass immer ein kleiner Spalt zwischen ihren Körpern bleibt. Trotzdem ist die Situation brutal und gewaltig, groß und wuchtig, und alle wissen und spüren ganz deutlich - es ist Krieg.
In der Mitte des Bildes ist ein Haus - ein elender Betonschuppen mit einem Flachdach. Es ist der letzte Schutzraum, in den ich mit vielen anderen Frauen vor langer Zeit verängstigt geflüchtet bin.

Hier ist es so niedrig, dass wir auf den Knien hocken müssen. Meine Gefährtinnen neben mir kann ich nicht genau erkennen, denn wir alle wachen völlig überreizt immer in die selbe Richtung witternd. Ich kauere in der ersten Reihe und blicke ununterbrochen durch eins der großen Fenster, welche bis auf die Erde reichen, nach draußen auf ein Fabrikgelände.

Das ist sonnenüberflutet. Seit Langem beobachte ich G., die ganz alleine auf der Straße steht und kämpft. Sie ist riesengroß, hat sich einen Patronengürtel um ihren gewaltigen Leib geschlungen und macht eigenartige, ausladende Verrenkungen. Es sieht so aus, als würde sie skurril tanzen, aber es ist ihr Kampf. G. ist bereits völlig erschöpft und ich habe große Angst um sie.

Da öffnet sich mit einem Mal die Tür zwischen den tiefen Fenstern und ich trete kurzentschlossen nach draußen. G. ist verschwunden und ich bin ganz allein. Alles scheint ruhig zu sein, aber ich spüre trotzdem eine große Spannung im Unsichtbaren, im Verborgenen.

Provokativ lege ich ein kleines buntes Handtuch auf den glatten, betonierten Boden. Das zu tun erfüllt mich mit unermesslicher Freude. Die leuchtenden, kräftigen Farben des Tuches strahlen wie eine moderne Leuchtreklame und ich stiere so fasziniert auf den Fleck, dass ich meine Umwelt und die schreckliche Realität für einen Augenblick vergesse.

Plötzlich rast mit hoher Geschwindigkeit ein roter Sportwagen auf das Haus zu. Ich habe ihn nicht kommen hören und kann in letzter Sekunde gerade noch zur Seite springen. Das Auto hält mit quietschenden

Rädern genau über dem bunten Handtuch, das unter dem eisernen Leib völlig verschwindet.

Fassungslos glotze ich auf das Auto, aus dem ein junger, hübscher Mann unbekümmert winkt. Ich denke, wie kann jemand so schön und so unsensibel sein und jetzt spüre ich wieder ganz deutlich - es ist Krieg.

- 72 -

Ich stehe mit K. in einem lichten Wald. Durch die hohen Baumkronen wirft die Sonne helle Flecken auf die Erde. Sogar unsere Gesichter sind davon gezeichnet. Es scheint Frühling zu sein.

Da kracht plötzlich ein starker Ast direkt vor uns auf die Erde. Wir sind zutiefst erschrocken, denn um ein Haar hätte er uns mit seiner Wucht erschlagen. Aus Angst beschließen wir mit K.´s altem Auto an einen anderen Ort zu fahren - weiter hoch auf eine freie Bergkuppe. Die lange Straße dorthin windet sich immer bergan, zwischen sonnigen Wiesen hindurch.

Auf halber Strecke sehen wir plötzlich links neben dem Weg ein winziges Häuschen stehen. Wir finden es so merkwürdig, dass wir anhalten um es zu untersuchen. Das seltsame Haus ist ein einziger, hüfthoher Betonklotz, der in seiner Kompaktheit wie ein Bunker wirkt. Sein gleichmäßiges, oranges Spitzdach hängt zu allen vier Seiten weit über. Fenster und Türen können wir nirgends entdecken. Gespannt klopfen wir an die Wände und hören, dass es innen hohl ist. Das Häuschen ist zwar sehr schön anzusehen, aber trotzdem erscheint es uns unnütz, weil es sich so verschließt.

Während wir noch hinter dem Haus stehen und über dessen Sinnlosigkeit beraten, lösen sich plötzlich von allen Seiten, in großer Höhe, gewaltige Schneelawinen. Sie stürzen mit ungeheurer Geschwindigkeit ins Tal - direkt auf uns zu.

Wir sind nur einen Augenblick vom rettenden Auto entfernt, bleiben aber vor Schreck wie angewurzelt stehen. Bevor wir zur Besinnung kommen und weglaufen können, umfließen uns bereits zähe Schneemassen wie klebriger Brei. Um nicht fortgerissen zu werden krallen wir uns panisch an das Betonhäuschen. Wir sehen, wie das Auto von der gefährlichen, weißen Flut auf die Seite gekippt wird und sind jetzt froh nicht darin zu sitzen.

Der schwere Schnee umschließt uns immer fester und uns wird zunehmend klar, dass wir in einer bösen Falle stecken.

Angestrengt suchen wir nach einem Ausweg. Aber es besteht nicht die geringste Chance zum Weglaufen oder Verkriechen in das Häuschen, denn es ist zu wie eine Festung. In unserer Verzweiflung verfluchen wir den grauen Klotz.

Die Schneemassen schieben unaufhörlich nach. Schließlich fängt K. vor Angst an zu weinen. Sie tut mir so leid, aber ich kann ihr nicht helfen. Ich muss mich selbst auf das Festhalten konzentrieren.

Als meine Kräfte allmählich nachlassen, ergreift mich eine Endzeitstimmung. Ich weiß plötzlich, dass ich sterben werde, weil mich die zentnerschwere Last begraben wird. Ich kann jetzt nicht mehr atmen. Meine Brust ist wie von einem Eisenring umschlossen. In meiner allergrößten Not rufe ich zu Gott: „Oh Gott,

du Großer, du kannst mich doch jetzt hier nicht einfach verrecken lassen!"
In diesem Augenblick stehen die Schneemassen still und über der schrecklichen, weißen Decke liegt heißer Sonnenschein. Ich fühle eine nie geahnte tiefe Verwurzelung mit dem Leben und in Gedanken verspreche ich: „Ich kann es nicht so kalt beenden."
Ich atme erleichtert auf, als der Schnee anfängt zu tauen.

- 73 -

Ich habe das Gefühl im Urlaub zu sein. Wohin ich auch sehe, alles ist erstaunlich hell und in der Mitte eines Platzes prangt ein moderner Swimmingpool. Direkt davor liegt ein breiter gelber Sandstrand, auf dem ich langsam schlendere und entspannt vor mich hinträume. Als ich mich für einen Moment umblicke, entdecke ich zwischen den bunten Strandhäusern auf der linken Seite einen schmalen, geheimnisvollen Durchgang. Neugierig geworden zwänge ich mich vorsichtig durch den Spalt.
Unerwartet führt er an einen wilden, unberührten Strand, den ich nicht kenne. Kalter Wind reißt plötzlich an meinen langen Haaren und treibt mir aufgepeitschten Sand in Augen und Mund. Eine furchtbar tosende Brandung bricht sich an Wellenbrechern aus geflochtenem, nassem Holz und rollt dann mit weißer Gischt weit über das Ufer, welches davon tief zerklüftet ist.
Ich hatte bis zu diesem Augenblick keine Ahnung, wie ungezähmt die Elemente wirklich sind und spüre, fas-

ziniert von ihrem Toben, das sehnsüchtige Verlangen
hier einmal zu baden. Bevor ich aber einen endgülti-
gen Entschluss fasse, werfe ich zum Vergleich noch
einmal einen Blick zurück durch die schmale Öffnung,
durch die ich gekommen bin. Ich sehe einen kleinen
Ausschnitt ungefährlicher, ruhiger Urlaubsatmos-
phäre hinter mir.
Um so mehr reizt mich plötzlich die besondere Frische
der Luft und ich kann es kaum erwarten in das kühle,
bewegte Wasser zu steigen.
Vor meinen Füßen hat die wilde Flut ein Stück Land
ausgebissen. An dieser tief liegenden Stelle schiebe ich
mich vorsichtig in die Brandung. Kaum aber haben
meine Füße den Boden berührt, werden sie von der
starken Unterströmung weggerissen und ich haltlos
hin- und hergeschleudert. Mein Kopf ist unterge-
taucht. Mich befällt Panik. Zu meinem Schreck glib-
bert eine tote, milchige Qualle an meinem Körper entlang. Ich ekle mich vor ihr und will sofort zurück ans
Ufer.
Nach unzähligen missglückten Versuchen bekomme
ich endlich das dünne Gras der Strandbefestigung zu
fassen und ziehe mich daran an Land. Als ich mich auf
dem kühlen Sand in Sicherheit weiß, beruhige ich
mich schnell wieder.
Eine stille Freude bewegt mein Herz, denn trotz allem
gefällt mir die Rauheit dieser unbekannten Landschaft. Ich liege auf dem Rücken und blicke verklärt in
den blauen Himmel. Ganz deutlich schmecke und rieche ich das Salz des Wassers und der Luft.
In diesem Moment wird mir klar, dass ich zufällig auf
ein Geheimnis gestoßen bin - auf etwas, was ich nicht

sehen sollte. Ich denke immer weiter und nach und nach offenbart sich mir das ganze Ausmaß einer groß angelegten Täuschung, deren Grund einzig und allein in der Bindung und Verschließung meiner Person begraben liegt.

Das Ende meiner Gedankenkette gewinnt noch einmal an Kraft und kalbt schließlich die Erinnerung an den fremden Mann aus, der für die Pflege meiner Unwissenheit verantwortlich ist.

Plötzlich steht er zusammen mit A. und Ch. neben mir und obwohl ich zu allem schweige, muss er etwas von meinen unerlaubten Vermutungen aufgespürt haben, denn er schlägt von sich aus vor, gemeinsam dort noch einmal Urlaub zu machen, wo es fast genauso ist wie hier - auch so schön rau und wild, aber trotzdem ungefährlich, weil es eine ebensolche Inszenierung sei wie die kleine, heile Welt hinter den Häusern.

Er ist wirklich schlau, aber ich durchschaue trotzdem seine Absicht. Er will mich mit seinem Vorschlag auf den rechten Weg zurück bringen.

Ch. sagt sofort, dass sie auf keinen Fall mitkommen kann, da sie zurück zu G. will. Aber A. quengelt sein Angebot anzunehmen, weil sie die Wirklichkeit einmal halb so gefährlich erleben möchte, wie sie ist. Geistesgegenwärtig entgegne ich, dass ich kein Geld für ein solches Abenteuer habe und deshalb hier bleiben muss.

Der Fremde drängt verhohlen, dass er für mich die Reise bezahlt, weil er so tun wird, als sei er mein Vater. Er beteuert noch einmal eindringlich: Auch bei einer Kontrolle würde er behaupten, er sei mein Vater.

Auf dem Wendeplatz am Ende der Straße, in der meine Eltern wohnen, steht ein Haus. Dieses Haus ist letzte Nacht abgebrannt und damit auch die Frau, die dort einsam wohnte. Meine Mutter fragt mich: „Weißt du, warum die Frau abbrennen musste?"
Ich schüttle fragend den Kopf und sie sagt vorwurfsvoll zu mir: „Sie ist abgebrannt, weil du zuviel erzählt hast. Dabei war sie süchtig." Jetzt erinnere ich mich an ihren schrecklichen Entzug und daran, dass, genau zehn Minuten bevor das Haus anfing zu brennen, der Doktor noch einmal nach ihr gesehen hatte.
Während ich angestrengt überlege, fällt mir ein, dass mir auf der Straße noch ein anderer Mann erzählt hat, dass er die Frau immer besucht. Ich denke, das könnte vielleicht der Brandstifter sein.

Von einem Hochbett, auf dem ein riesiger Berg schwarzer Sachen liegt, höre ich lautes, erbärmliches Stöhnen. In meiner ersten Vorstellung ist es das Klagen eines Verendenden.
Mit bangem Herzen klettere ich zögernd die angestellte Trittleiter zu dem Lager hinauf. In Erwartung eines schrecklichen Anblicks schiebe ich meinen Kopf vorsichtig über die Kante. Aber ich kann nichts Genaues erkennen, obwohl von der Decke eine einzelne Glühbirne herabhängt, aus der dreckiges, gelbes Licht glimmt.

Ich sehe nur, dass hier oben alles eng und stickig ist, und die schaurigen Dinge, die ich höre, sind so furchtbar, dass ich mir zum zweiten Mal zusammenreime, dass hier oben jemand sein muss, der gerade stirbt.
Ich weiß nicht, was ich machen soll.
Dann endlich entwickelt sich ein diffuses Bild und ich mache ein völlig durchgeschwitztes, dunkles Hühnerküken aus. Es ist so groß wie ein Baby, liegt auf dem Rücken, bäumt sich auf, reißt den krummen Schnabel auf und schreit und wimmert kläglich. Ich erkenne nicht den Grund seines heftigen Schmerzes, aber die Vorstellung nicht helfen zu können ist grauenhaft und ich glaube nun zum dritten Mal untätig mit ansehen zu müssen, wie das merkwürdige Wesen elendig unter meinen Augen krepiert.
Jetzt sehe ich voll Entsetzen etwas aus dem Küken herauslaufen, was aussieht wie dunkelbraune Gedärme, die in einer Art Waffe enden.
Ich muss an W.´s Tod denken, an sein unendliches Leiden während des Sterbens, an seine müde Traurigkeit. Ich weine aus Hilflosigkeit. Dann ist plötzlich alles vorbei. Das Küken liegt total erschöpft, mit zusammengeklebten Federbüscheln auf dem Lager und atmet ruhig und entspannt.
Von Weitem sehe ich zu, wie es friedlich einschläft.
Innerlich völlig überreizt weiß ich in diesem Augenblick, dass es eine Hoffnung gibt.

- 76 -

Über meinem Oberkörper liegt ein hellbrauner Fellüberwurf. Damit er nicht verrutscht, wurde ich mit

einem langen Strick mehrmals umwickelt. So bekleidet, gehe ich einen schmalen, steilen Weg hinunter,
der in einem freien Platz mündet, auf dem M. steht.
Ich frage ihn: „Wie findest du meinen Fellüberwurf?"
Er antwortet: „Das ist doch kein Fell."
Ich streiche prüfend über meinen Bauch und tatsächlich ist der Überwurf jetzt unerwartet aus Filz.
Ungläubig schüttle ich meinen Kopf darüber und
habe plötzlich das unangenehme Gefühl mich erklären zu müssen.
Außerdem fällt mir auf, dass auch der Strick um meinen Körper jetzt viel zu fest gebunden ist. Ich bin irritiert, weil alles an mir ohne mein Zutun passiert. Mit
einigen Verrenkungen versuche ich wenigstens die
peinliche Verschnürung zu lockern.
M. bemerkt meine Verlegenheit und nimmt mich tröstend in seinen Arm. Doch er drückt mich so stark an
sich, dass ich glaube zu ersticken.
Da entdecke ich direkt vor meinem Mund ein letztes,
winziges Stückchen Fell. Es ist ganz weich und kitzelt
an meinen Lippen. Ich atme in das Fell und bin augenblicklich gerettet. M. drückt mich jetzt so stark, dass
ich seine dicken Beine fühle.

- 77 -

Ich spüre rechts in meinem Kopf einen brennenden,
entzündlichen Schmerz. Schnell fahre ich mit der
Hand durch mein Haar um herauszubekommen,
woher die Qual kommt.
Schließlich ertaste ich an der Stelle etwas Kleines, das,
wenn man es leicht zusammendrückt, wie Papier

raschelt. Vorsichtig erkunde ich das merkwürdige
Ding mit den Fingerspitzen und finde erstaunt heraus,
dass es eine tote Wespe ist, die mich gestochen hat um
dann augenblicklich zu verenden. Inzwischen war sie
sogar vertrocknet.
Da weiß ich, dass in meinem dichten Haar drei giftige
Wespen wohnen. Meine Hand war eben zufällig zwischen ihnen hindurchgeglitten ohne ihre einfältige
Geschäftigkeit zu stören.
Wenn ich nicht noch einmal gestochen werden will,
darf ich sie nicht versehentlich reizen. Deshalb ziehe
ich ganz langsam meine Hand zurück und balanciere
dabei gleichzeitig den trockenen Körper der toten
Wespe zwischen meinen Fingern mit nach draußen.
Sobald ich meinen Kopf nicht mehr berühre, kann ich
wieder atmen.

- 78 -

Es regnet in Strömen. Ich stehe bis zu den Knöcheln im
Schlamm auf einem Rummelplatz, an dessen Ende ein
großes Zelt wartet. Dorthin führt mein Weg.
Ich werfe ein schwarzes, glänzendes Regencape über
meinen nassen Körper und schnüre es unter meinem
Kinn fest zu, denn es ist wichtig unerkannt zu bleiben.
Im Zelt angekommen, öffne ich vorsichtig meine
Kapuze, die sich inzwischen anfühlt wie ein weißer,
fester Kokon. Als mein Überwurf auf den Holzboden
fällt, sehe ich, dass ich jetzt andere Kleider trage und
eine neue Frisur habe.
Noch darüber staunend trete ich zu A. und E.. Sie stehen an einem alten Tisch über eine Zeitung gebeugt

und schreiben geheimnisvolle Zahlen auf deren Rand. Während ich sie dabei wortlos beobachte, entpuppt sich das nasse Zelt plötzlich als Dachboden eines alten Hauses. Es ist angenehm trocken und warm und so schön, wie nur ein immerwährender, verklärter Traum wahr werden kann.

Weißes Licht fällt durch ein Fenster und ein breiter, heller Streifen Sonne, in dem feiner Staub tanzt, fällt direkt auf den kleinen antiken Tisch.

A. schreibt jetzt einen Namen auf den Rand der Zeitung. E. sagt: „Was, die auch? So eine alte Schachtel."

A. ist pikiert. Ich kenne die alte Dame und weiß, dass auch mir die Zuneigung zu ihr fehlt. Trotzdem das unwichtig ist, hoffe ich, dass es niemand merkt.

- 79 -

Ich sitze in der rechten vorderen Ecke eines schlecht beleuchteten Raumes direkt neben der Tür und nähe an meiner alten Nähmaschine.

Da das Türblatt fehlt, kann jeder, der den langen Korridor des Betonbaus passiert, zu mir hereinschauen. Plötzlich sehe ich J. vorbeigehen.

Sie trägt eigentümliche, dunkle Sachen und hat eine kleine Ölkanne in der Hand. Ich laufe ihr nach und frage sie, wohin sie geht. Sie antwortet, dass sie etwas vom anderen Ufer holen müsse. Ich beschließe spontan sie zu begleiten.

Nach einem endlos langen Gang über den halbdunklen Flur, führt dieser schließlich nach draußen und geht allmählich in eine Straße über, die sich für einen kurzen, den alles entscheidenden Augenblick als seichte Furt in einen vorbeifließenden Landfluss hineinsenkt. Dadurch entsteht das andere Ufer, welches man normalerweise ganz einfach durch Hinübergehen erreicht.

Jetzt aber tobt unerwartet ein schweres Unwetter. Der Fluss ist stark angeschwollen und führt trübes, schwarzes Hochwasser, das sich schnell und unablässig über unseren Weg schiebt. Dicht über dem Horizont hängen fette, graue Wolken und der Wind peitscht wütend über das Wasser, so dass unzählige Tropfen in die Luft gerissen werden.

Wir stehen direkt an der pulsierenden Wasserkante und überlegen, ob wir lieber umkehren sollten, zumal der entfesselte Strom die Straße aufgerissen und das vor uns liegende Stück nach links verschoben hat. Es ist uns unmöglich das Ausmaß der Zerstörung und die Begehbarkeit des Flussbetts einzuschätzen, da wir keinen Grund sehen.

Unentschlossen wägen wir Gefährlichkeit und Notwendigkeit miteinander ab, bis sich alle Zweifel durch Bewertung und Festlegung zerstreuen und wir vorsichtig ins Wasser steigen. Der Boden ist überraschend weich wie Ostseesand und wir können trotz der starken Strömung ganz leicht gehen. Am anderen Ufer angekommen, warte ich vor einer grünen Werkhalle.

J. geht hinein und holt etwas Geheimnisvolles. Ich frage sie nicht danach, weiß aber instinktiv, dass es gut für ihre Tochter ist.

Dann machen wir uns auf den Heimweg.

Inzwischen ist das Unwetter noch stärker geworden.

Der Fluss tritt jetzt weit über die Begrenzungen und wir müssen uns beeilen, wenn wir unbeschadet nach Hause kommen wollen.

Wieder waten wir durch das Wasser, das uns jetzt bereits bis zum Bauchnabel reicht. Dadurch kommen wir nur sehr langsam voran. Plötzlich sehen wir mit Entsetzen eine riesige Welle auf uns zurollen. Sie will uns verschlingen, aber als sie ihren Wellenbogen mit großer Wucht über uns legt, bemerken wir erstaunt, dass der aus Vakuum ist. Mit diesem unerwarteten Luftvorrat erreichen wir rettendes Land.

Schnell rennen wir in den schützenden Betonbau. Aufgeregt sage ich zu J.: „Ich hatte solche Angst vor dem Fluss, aber als ich sah, wie mutig du bist, habe ich mich auch hineingetraut."

J. sieht unbewegt an mir vorbei, sagt dann aber doch noch mit leidenschaftsloser Stimme: „Nein, nein, erst als ich gesehen habe, wie mutig du bist, habe ich es gewagt."

Über den langen Flur erreichen wir mein offenes Zimmer und ohne uns voneinander zu verabschieden, trennen sich unsere Wege. Abschätzig denke ich: Ich habe sie nie wirklich gemocht.

– 80 –

Ich liege in der erbarmungslosen Wüste und verdurste langsam. Es kann nicht mehr lange dauern, bis ich tot bin. Zum Abschied streift meine schlaffe Hand ein letztes Mal durch den heißen Sand.

Dabei ertaste ich unverhofft einen dünnen Metall-hebel, an welchem eine durchsichtige Nylonschnur befestigt ist. Langsam ziehe ich den Hebel nach oben. Da hebt sich auf einmal der Himmel mit den Wolken empor wie eine federleichte Gewächshaushülle und ein gleißender Streifen Zwischensubstanz breitet sich direkt neben mir über der Erde aus. Schließlich reißt der Horizont für einen kurzen Moment von der Welt ab und ich nutze die Chance meinen ausgedürrten Körper mit letzter Kraft unter seiner Kante hindurchzuschieben. Hinter mir schließt sich die Öffnung lautlos und unerwartet liege ich auf einem Hügel in einer Versuchswelt.

Augenblicklich lebe ich auf, denn hier herrscht ein außerordentlich wirksames, wohltuendes Klima. Aber es wird künstlich hergestellt und durchdringt alles mit einem trostlosen Grau.

Direkt vor mir fällt eine Ebene schräg nach unten ab. In gleichmäßigen Abständen sind darauf Pflanzen für eine Probe gesteckt. Sie sind dreischneidig und verdammt scharf. Am Fuße dieser riesigen, bestellten Fläche schlängelt sich ein Weg, an dessen Ende ein flacher Betonbau steht.

Erleichtert raffe ich mich auf und steige vorsichtig den Hang hinunter. Dabei entdecke ich zu meiner Freude, dass zwischen den messerscharfen Pflanzen auch Petersilie wächst. Ich möchte ein Sträußchen davon essen, um mich zu stärken. Aber bevor ich dazu komme, ruft jemand von hinten: „Iss doch von der Petersilie!"

Das schrillt in meinen Ohren - wie eine Versuchung. Irritiert sehe ich mich um. Auf dem Hügel steht triumphierend meine Mutter und sofort weiß ich, dass sie und K. hinter allem stecken.

Ich vermute, dass ich mich von ihnen abhängig machen soll, indem ich von der Petersilie esse. Dieser unerträgliche Gedanke erschöpft mich derart, dass ich mich resigniert auf den Boden lege und mich frage, wie ich nur in diese Welt kriechen konnte.

- 81 -

Ich fahre mit meinem roten Auto auf einer Insel, direkt auf deren steile Küste zu. Schon von Weitem kann man schöne schlanke, bizarre Bäume sehen, die das hohe Ufer säumen. Kurz vor dem Abhang halte ich an. Links am Wegrand, der eigentlich rechts ist, sitzt eine Frau an einem schmalen, hölzernen Tisch. Ich frage sie: „Ich bin mir nicht ganz sicher, aber ich dachte, hier gibt es eine Gasstation."
Die Alte antwortet: „Ja, ja, hier rechts herum."
Trotzdem fahre ich links zwischen saftigen Wiesen und Koppeln bis an das Ende der Straße weiter. Dort finde ich die Gasstation. Zwei Frauen mit einfarbigen Kopftüchern und Strickjacken sitzen zwischen roten und blauen Gasflaschen.
Ich frage sie: „Ist alles vorbereitet?"
Eine Frau sagt: „Ja, dort steht er."
Ich drehe mich um und sehe hinter mir den kleinen, runden Grill stehen. Langsam lege ich große Fleischstücken von der Pute und Filet vom Schwein und Rind auf seinen heißen Rost. Bedächtig wende ich alles mir einer Gabel, bis die Teile ganz schwarz sind und die verbrannte Kruste anfängt zu glänzen.
Hinter meinem Rücken haben sich die Frauen inzwischen an einen Campingtisch gesetzt, auf dem Berge

von Kleidungsstücken liegen. Mit einer langen Gabel, mit spindeldürren Zinken, reiche ich ihnen ein schwarzes Stück Putenfleisch. Sie legen es auf einen Teller aus Pappe und schneiden es in dünne Scheiben. Unter der schwarzen Haut kommt zartes, rosa Fleisch zum Vorschein. Zufrieden bedecke ich nun die fertig gebratenen Stücke auf dem Grill mit einem umgedrehten, weißen Porzellanteller. Dabei kippt beinah alles um.
Schnell ziehe ich den Teller nach rechts - jetzt steht der Grill wieder gerade.

- 82 -

Um mich herum ist tosende See. Neben mir stehen T., A. und Ch.. Gemeinsam balancieren wir auf einem schmalen Steg, der ständig von harten Wellen umspült wird. Während wir angestrengt versuchen das Gleichgewicht zu halten, starren wir unablässig auf eine bestimmte Stelle vor uns.
Plötzlich tut sich dort ein Spalt auf und wir können tief in das Innere der Erde blicken, wo alles brodelt und zischt und das glutrote Magma an den Rändern grüne Blasen aufwirft.
Dann schließt sich der Spalt wieder und eine riesige, hellblaue Fontäne schießt aus ihm bis in den Himmel hinauf - umgeben von unzähligen Regenbögen.

Ich stehe in meiner Küche vor dem Geschirrspüler und sehe, wie ganz langsam braunes, schmutziges Wasser aus ihm herausläuft, an der Wand hochkriecht und dort ein Dreieck bildet. Noch ist der Fleck geschützt und tropft nicht von der Decke meiner Untermieter, aber es kann nicht mehr lange dauern, bis sie das Malheur bemerken. Da ich mich vor ihren Reaktionen fürchte, versuche ich schnell den Wasserhahn am Geschirrspüler zuzuschrauben um den Vorgang zu stoppen. Aber so sehr ich auch suche, ich kann das Ding nicht finden. Langsam werde ich nervös und in meiner Not beschließe ich, den gesamten Wasserzulauf zum Haus abzudrehen.

Rasch laufe ich auf die Straße. Unser Haus steht auf dem Schlossberg. Die Sonne scheint so grell, dass seine Pflastersteine weiß glänzen. Meine Augen sind davon geblendet, aber wenn ich sie zukneife, kann ich mitten auf dem Platz den Hausmeister stehen sehen. Er ist riesengroß, dick und hat einen Schlüsselbund an seiner Seite hängen wie ein Gefängniswärter. Er sagt zu mir: „Ich weiß, wo die Abstellhähne sind. Sie sind in einer Höhle verborgen. Kommen sie."

Wir eilen nach rechts an den Rand des Schlossberges. Von dort geht es über eine Holzleiter mit dicken, runden Sprossen steil hinunter an einen Strand. In der Felswand, direkt hinter der Leiter, beginnt die riesige Höhle, die der Mann erwähnte und von der ich bis heute nichts wusste.

Mit großer Verwunderung schreite ich durch das hohe, zerklüftete Gewölbe an dessen Ende sich ein

Absatz anschließt, von welchem man hinauf in eine nächste, niedrigere Höhle gelangt. An deren Rückseite sehe ich eine weitere Stufe, die zu einer kleinen, hellblauen Tür führt.

Der Hausmeister ist inzwischen verschwunden. In meinen Gedanken dreht er an großen Speichenrädern das Wasser ab. Schnell vergesse ich ihn und den eigentlichen Grund warum ich hier bin - magisch angezogen von der geheimnisvollen Tür, der ich unablässig bis in die äußersten Tiefen der Höhle entgegentreibe.

Ich öffne sie und stehe plötzlich unerwartet in einem hellen Zimmer. In der Wand vor mir, unterhalb der Decke ist ein winziges Fenster mit einem breiten Rahmen, durch welches das ewige Blau des Himmels und die Ahnung vom Meer hereinfallen. Darunter steht mit dem Rücken zu mir ein schwarz gekleideter Mann.

Obwohl das Zimmer ansonsten leer ist, ist es eine wirkliche Überraschung. Allein seine bezaubernde gehobene Atmosphäre macht mich wie ein Wunder frei von allen Befürchtungen und ich erinnere mich plötzlich an den Morgen meiner Kindheit. Der war immer ausgeschlafen, sorglos, kühl, und hell. Ich verharre gedankenverloren und staune still.

Auf einmal ist die Luft von kleinen, hellblauen Seifenblasen erfüllt. Ich sage begeistert: „Hier sind kleine Seifenblasen", und versuche sie mit der Hand zu fangen.

Der dunkle Mann antwortet nicht.

Da bemerke ich auf der rechten Seite des Raumes einen goldenen Vogelkäfig, in dem drei grüne

Wellensittiche sitzen. Die sind ganz aufgeplustert und gerade dabei sich zu putzen. Währenddessen pupsen sie und kleine, hellblaue Seifenblasen kommen unter ihrem Gefieder hervor und schweben in den Raum. Nun erst sehe ich auch, dass die Blasen nicht durchsichtig sondern milchig sind. Die möchte ich jetzt nicht mehr anfassen.

- 84 -

Ich bin in einem völlig überfüllten Raum. Hier ist nicht mein Zuhause, denn es ist eine Flüchtlingswohnung und draußen ist etwas, vor dem ich mich fürchte. Ich will solange hier warten, bis die Bedrohung vorüber ist.

Jetzt lärmt es vor der Tür und gegen meinen Willen schickt man mich hinaus den Krach zu beenden. Ich werde nur deshalb ausgewählt, weil ich ohnehin eine Schuld trage.

Ängstlich öffne ich die Tür und schleiche mich leise hinaus in der Hoffnung nicht gesehen zu werden. Ich stehe im ersten Stock eines gelb gestrichenen Treppenhauses. Von meinem Absatz führt eine gewundene Holztreppe hinunter zur offenen Eingangstür.

Von dort treibt kalter Wind Schneeflocken in den Flur. Das ungemütliche Wetter ist der Grund, warum sich einige zweifelhafte Typen mit einem Hund in den Eingangsbereich gestellt haben. Trotzdem muss ich irgendwie durchsetzen, dass sie das Haus wieder verlassen. Ich selbst finde sie auch eklig. Sie sollen nicht hier sein.

Ich gehe zu ihnen hinunter um mit ihnen zu reden. Da sehe ich mit Bedauern, dass der kleine Hund, den sie bei sich haben, verkrüppelt ist - ein schwarz-weiß gefleckter, glatter Flegel. Zuerst denke ich, dass sein Kopf gezeichnet ist, aber dann erkenne ich, dass er eine schwarze Mütze mit seitlichen Ohrenklappen trägt. Ich will ihn tröstend streicheln. Aber das Tier ist von niederem Charakter. Seine Verkrüppelung ist nur eine gemeine Tarnung, um von seinem eigentlichen Wesen abzulenken, und noch bevor ich die Täuschung durchschauen kann, beißt mich der Köter in die rechte Hand.

Gott sei Dank hatte ich die ganze Zeit, ohne es zu wissen, einen dicken, grauen Lederhandschuh an, den er nicht schafft durchzubeißen - aber der Druck ist unerträglich. Mit einem Ruck reiße ich mich los und flüchte nach oben.

Während ich hastig versuche die Tür zur Flüchtlingswohnung mit einem viel zu kleinen Schlüssel zu öffnen, bemerke ich zufällig noch andere Leute im Eingangsbereich. Sie standen bisher versteckt unter der Treppe, deshalb habe ich sie nicht gleich gesehen. Während des Streites sind sie aus Solidarität zu den anderen hervorgekommen. Bei ihnen ist ein Dobermann - ein großes, dunkelbraunes Tier, dass jetzt auf mich loshetzt.

Es springt mühelos die Treppe hinauf, packt mich und zerreißt mir den linken Arm.

Ich stehe in einem erfrorenen, hoch gelegenen Garten. Die Erde ist so eisig, dass die aufgeworfenen Furchen als harte Knubbel über dem Boden liegen. Man könnte fast meinen, selbst die Sonnenstrahlen wären auf der Erde festgefroren.

Ich trage nur ein dünnes Sommerkleid aus Papier und friere fürchterlich.

Rechts vor mir, ein wenig tiefer gelegen, kann ich die hell erleuchteten Fenster eines kleinen Hauses mit flachem Dach sehen. Darin sehe ich T. und mich selbst stehen und heftig gestikulieren. Scheinbar sind wir in einen Streit verwickelt. Abgesehen von der zermürbenden Aufruhr die ich damit verbinde, glare ich sehnsüchtig zu uns hinüber und stelle mir die angenehme Wärme des Zimmers vor. Einerseits würde ich auch so gerne dort sein, aber andererseits regen mich die ewigen, anstrengenden Auseinandersetzungen zwischen uns wahnsinnig auf.

Noch einmal wäge ich Kälte und Streit miteinander ab, bis ich mich schließlich entscheide auf meine Nerven Rücksicht zu nehmen, im Garten zu bleiben und lieber weiter zu frieren.

Da öffnet sich vor mir die ausgelaugte, graue Gartenpforte mit dem quietschenden Federmechanismus und ein alter Mann kommt auf mich zu. Ich glaube ihn gut zu kennen. Er trägt einen ausgewaschenen blauen Arbeitsanzug und erinnert mich an meinen Urgroßvater, denn er trägt dessen Lächeln auf seinem Gesicht.

Seine Hände kann ich nicht sehen, da die Ärmel der

Jacke so lang sind, dass sie vorn überhängen und mit einem Bändchen wie ein Bonbon zugeschnürt wurden. Demütig sage ich ihm, dass ich erbärmlich friere. Er antwortet mit einem zustimmenden Kopfnicken.

Plötzlich zuckt etwas in seinem linken Ärmel. Mit einem scharfen, geraden Schnitt wird der von innen aufgerissen. Ich schrecke zusammen und pulsiere vor Angst, denn ich fürchte, es ist ein kleines, wuscheliges Tier.

Da schiebt sich langsam seine Hand aus dem Ärmel - mit einer warmen, weichen Bäckerei. „Oh!", rufe ich, „Kufki. Das ist ja ein Kufki."

Ich greife mit beiden Händen gierig danach und schlinge den Kufki in mich hinein. Er ist ganz warm und weich wie Eischnee und riecht wie das nie vergehende, ewig Vertraute. Mit jedem Bissen glaube ich mehr und mehr zu verstehen, dass er eine Botschaft meiner alten Familie ist - ein fürsorglicher Trost und ermunternde Aufforderung mich mit der leidigen Kälte zu arrangieren.

Zum ersten Mal habe ich das Gefühl, als lächle mir die Vergangenheit freundlich entgegen.

- 86 -

Ich stehe in einem schlecht beleuchteten Raum. Vor meinen Augen, mit dem Rücken zu mir windet sich in wellenartigen Bewegungen ein dickes Mädchen mit blonden Haaren. Ich stiere es an und wundere mich, dass es so begehrlich tut. Plötzlich dreht es sich um und ich sehe in seinem blassen, fetten Gesichtchen einen winzigen, kirschroten Mund prangen.

Im selben Augenblick wird der Perlenvorhang zur
Seite geschoben und die Mutter des Kindes betritt den
Raum. Sie sieht genauso aus wie ihre Tochter.
Besonders auffällig ist wieder der kleine, kirschrote
Mund im Gegensatz zu ihrem strammen, fast wuchtig
wirkenden Körper.
Die Frau flüstert mir traurig zu, dass die Kleine ruhig
ein bisschen spielen kann - sie soll nicht mitbekom-
men, dass ihr Vater tot ist.
Damit zeigt sie auf die Liege, die mitten im Raum
steht. Auf der liegt, das Gesicht auf die Matratze
gekehrt, ein Mann mit blauer Hose.
Ich sehe, dass es der Nachbar ist und kann kaum glauben, dass er nicht mehr auf die Straße tritt.

- 87 -

Ich gehe mit vielen, ausgelassenen Menschen auf
einem Weg spazieren, der die Welt in eine rechte und
in eine linke Seite teilt.
Die Sonne scheint so heiß, dass wir vorhin beschlossen
haben baden zu gehen. Ein kleines Mädchen mit langem, kastanienbraunem Haar hüpft lustig vor mir her
und sagt: „Sieh, rechts in dem See ist kein Platz mehr
für uns."
Ich sehe nach rechts und tatsächlich ist dort ein hübscher Waldsee, der über und über von Menschen
quillt. Der Anblick gleicht einer paradiesischen
Hironymus-Bosch-Phantasie. Neidisch wende ich
mich ab, denn wir müssen links eine steile Treppe zu
einer gewöhnlichen Badeanstalt hinuntersteigen. Dort
baden die einfachen Leute. Schon von oben kann man

sehen, dass da unten alles künstlich ist und graue Wolkenschatten große Teile der betonierten Fläche bedecken.

Aber dafür ist das Schwimmbecken fast leer und es gibt genügend Liegeplätze - große, hellblaue Gummimatten, auf denen jeweils ein geteertes Holzhäuschen steht. Ein säuerlicher Geruch schwelt darüber, denn sobald die Sonne wie heute ununterbrochen brennt, fangen sie leicht an zu stinken.

Eine dicke Frau aus unserer Gruppe sagt zu mir, dass die Dame, die die Platzmiete kassiert, erst in etwa einer halben Stunde kommen würde. Da stellt sich plötzlich der Zauberer zu uns. Bisher hatte er sich immer abseits gehalten. Mit seinem langen, ausgestellten, nachtblauen Gewand, auf dem goldene Sterne glänzen, und seinem hohen spitzen Hut macht er mir Angst. Am meisten aber fürchte ich mich vor seinem ausdruckslosen, gelben Gesicht. Er sagt zu uns: „Wenn die Frau erst in einer halben Stunde kommt, kann ich euch noch etwas zeigen."

Auf sein Geheiß gehen wir die steile Treppe wieder hinauf zu der natürlichen Welt. Rechts sehen wir noch einmal den See mit dem Menschengewimmel und wenden uns dann nach links, zu einer kleinen, schattigen Wiese, die von einigen Büschen und wenigen Bäumen gesäumt wird.

Mitten auf der Wiese steht ein alter, vergitterter Zirkuswagen. Darin sind kleine Tiere eingesperrt. Ich kann einen Iltis und winzige Bären erkennen.

Der Zauberer zeigt drei goldene Stellen am Wagen, an denen er verschlossen wurde. Den passenden Schlüssel dazu habe ich. Er hängt an einem einfachen, grauen Band um meinen Hals. Die beiden ersten Schlösser sind leicht zu öffnen. Das Dritte wird schwieriger, weil es in einen Tunnel eingelassen wurde. Aber meine Hand ist klein genug, so dass ich sie samt Schlüssel in die Vertiefung schieben kann um an das Schloss zu gelangen.

Gespannt sehe ich zu, wie sich das goldene Gewinde langsam gegen den Uhrzeigersinn dreht.

Die Tiere drängen sich inzwischen ungeduldig hinter der Tür. Sie wollen alle hinaus, aber der Zauberer ermahnt mich eindringlich nur ein Tier freizulassen. Sobald der Wagen einen kleinen Spalt geöffnet ist, springt mir ein Igel auf die Hände. Die Tür schließt sich automatisch und bevor mir das Tier entwischen kann, streichelt ihm der Zauberer über die Nase und es ist hypnotisiert. Der Igel schläft so entspannt, dass er jetzt wie ein dicker Fladen auf meinen beiden ausgebreiteten Handflächen liegt und sogar noch darüber hinausquillt. Er ist ganz weich geworden - so weich, dass ich seine Borsten sogar gegen den Strich streichen könnte. Ich möchte aber nicht, dass der Igel so zerfließt. Ganz im Gegenteil - diese Weichheit ekelt mich. Ich wünsche mir, dass er sofort wieder in den Zirkuswagen zurückgesetzt wird, weil er dort aus seiner verändernden Hypnose erwacht.

Ich bitte die dicke Frau neben mir, ihn kurz zu halten, damit ich noch einmal die Tür öffnen kann.

Sobald sie ihn aber berührt, wacht er auf, springt von meinen Händen und läuft im Galopp über die Wiese auf die Gebüsche zu. Dort verschwindet er. Ich habe Mitleid mit ihm, da ich weiß, dass er bald sterben wird, weil er kein richtiger Igel mehr ist.

– 88 –

Ich stehe mit T. in einem sonnendurchfluteten Laden eines weltvergessenen Dorfes. Die Verkäuferin sagt zu uns, wie aus einer fernen Zeit, dass sie keine Milch und keine Eier führt, weil so etwas hier im Ort jeder selber hat. Ich wundere mich darüber und denke sofort an ein bestimmtes Gebäude an der staubigen Hauptstraße, das damit im Zusammenhang stehen könnte.

Der Gedanke versetzt uns nach draußen und für eine Weile beobachten wir von Weitem das fragliche Haus, währenddessen die Zeit stehen bleibt bis es Mittag wird und die Sonne zum Mittelpunkt des Himmels gestiegen ist. Sie glostet so intensiv, dass wir keine Schatten werfen. Es ist unheimlich ruhig und niemand außer uns ist weit und breit zu sehen.

Schließlich wenden wir uns nach links und schlendern Hand in Hand einem grünen Park zu, der zwischen zwei Teichen liegt.

Wir tun so, als hätten wir die Absicht unser Auto von dort abzuholen, obwohl wir genau wissen, dass M. es sich inzwischen ohne zu fragen ausgeliehen hat um damit einen unerlaubten Konvoi anzuführen.

Da wir alleine sind, ist unsere Täuschung eigentlich überflüssig, aber sie ist Teil eines verborgenen, ineinandergreifenden Spiels, welches vorhin, als wir auf den Eingangsstufen des Ladens standen, durch das Hauchen des Windes, der hier weht, wo er will, überraschend ausgelöst wurde. Nur für einen winzigen Augenblick blies der unsichtbare Bote in unser Inneres, brachte unsere Saiten aus unzähligen roten und blauen Adern zum Klingen wie eine Harfe und seitdem gehen alle automatisch ihrer immerwährenden festgelegten Rolle nach.

Alle Gedanken und Handlungen verstehen sich von selbst in der vorbestimmten Ordnung und müssen niemals miteinander besprochen werden. Und sobald ein Gedanke gedacht und eine Handlung vollzogen wurde, fließen sie als weiße Substanz zurück in die große Idee.

Für uns wird es Zeit zu erfahren, wo M. gerade ist. Darum biegen wir scharf nach rechts und setzen uns gemeinsam auf die große Schaukel, die hinter dem Gelände steht. Wir schwingen mit den Seilen wild bis an den Himmel. Wenn wir nach vorne fliegen, können wir für einen kurzen Moment eine gewaltige Autoschlange in der Ferne sehen, die bald in den Park einfahren wird. Vorneweg fährt M.

Das Schaukeln reicht uns zum Sehen nicht aus und wir klettern stattdessen auf einen riesigen Hochstand. Der ist höher, als die Wolken segeln. Jetzt können wir endlich alles überblicken.

Zwischen den Wolken, die unter uns ziehen, schlängeln sich tausende Autos wie ein buntes Band auf der kurvigen Straße zum Park.

- 89 -

Ich renne mit einem Brief in der Hand die Straße entlang. Wenige Schritte vor mir hetzt mein Begleiter, der auch einen Brief bei sich hat. So sehr ich aber überlege, ich kann den Grund unserer Eile nicht ausmachen.

Da fährt am Ende der Straße ein gelber Bus an. Jemand

gibt mir zu verstehen, dass der Fahrer die Briefe mitnehmen sollte. Ehrgeizig erhöhen wir noch einmal unser Tempo. Umsonst - als der Bus um die Ecke biegt und schließlich nicht mehr zu sehen ist, bleiben wir außer Atem stehen. Uns bleibt nichts anderes übrig als auf den nächsten zu warten.

Da entdecke ich rechts von mir einen gelben Briefkasten. Ohne meine Absicht anzudeuten, bitte ich meinen Begleiter um sein Kuvert. Ahnungslos gibt er es mir. Heimlich werfe ich beide Briefe in den Kasten und bin erleichtert sie los zu sein.

Währenddessen spricht mein Begleiter mit einem dunkelhaarigen Mann, den wir aus dem Fernsehen kennen. Der Mann beteuert uns später mit seinem Auto mitzunehmen, damit wir nicht auf den nächsten Bus warten müssen.

Daraufhin folgen wir ihm vertrauensvoll in ein großes gelbes Haus. Plötzlich sind die beiden Männer an meiner Seite verschwunden und ich gehe zögernd ein schlecht beleuchtetes Treppenhaus hinauf. Misstrauisch geworden, bleibe ich schließlich auf einem Absatz stehen. Die ganze Situation ist mir suspekt und ich möchte so schnell wie möglich wieder weg von hier. Instinktiv spüre ich, dass es das „Haus der Anfechtungen" ist.

Auf ein Flüstern aufmerksam geworden, blicke ich nach oben und sehe über mir den Mann vom Fernsehen mit einem anderen Fremden in einem Glaskasten hocken. Das durchsichtige Ding bewegt sich langsam nach oben ins Dunkel. Solange mich die beiden Männer noch sehen können, beobachten sie mich unverschämt grinsend, indem sie ihre Körper lüstern nach dem Licht drehen. Ich finde ihren Anblick abstoßend und will gerade davonlaufen, als plötzlich ein junger Mann seine Arme um meinen Hals schlingt. Drohend sage ich ihm, dass ich weiß, dass er fünf Kinder hat, und er nur hier ist, weil er sich mit seiner Frau gestritten hat. Er lächelt mich nur hintergründig an und wir gehen in einen sehr offenen Raum.

Da höre ich von draußen ein merkwürdiges Geräusch. Ich stürze zurück ins Treppenhaus und obwohl hier nichts Ungewöhnliches zu sehen ist, weiß ich in diesem Augenblick bereits, dass seine Kinder tot sind - selbst seine größte Anklägerin, seine älteste Tochter.

Nackte Angst erfasst mich, weil ich glaube, dass der junge Mann selbst etwas mit dem grausigen Geschehen zu tun hat und mich mit seiner charmanten Art nur von den finsteren Vorgängen ablenken wollte. Ohne weiter darüber nachzudenken renne ich Hals über Kopf das endlose Treppenhaus hinunter, auf dessen Absätzen Glaskästen mit ekligem Inhalt stehen. Nach einer Ewigkeit verlasse ich endlich das schreckliche Haus.

Atemlos stehe ich auf dem betonierten Innenhof einer schmierigen Autowerkstatt, in dessen Mitte eine verbrauchte Frau mit einer vornehmen Jacke steht. Zu ihren Füßen wächst eine einzelne, einfache Blume, über die sie aus einem grünen Blechkanister langsam Benzin tropfen lässt.

Ich möchte, dass diese Kette von Teufeleien endlich aufhört und bete heimlich zu Gott: Bitte verwandle das Benzin in Wasser.

- 90 -

Ich stehe barfuß auf einem warmen, gelben Sandweg. In mir ist große Ruhe und Zufriedenheit mit der Welt, weil ich ausgeschlafen bin und es nicht mehr eilig haben werde. Zu beiden Seiten wird der Weg von Maisfeldern begrenzt. Die Pflanzen sind feuriggrün und erst hüfthoch.

Jemand wundert sich mit mir über das wirklich schöne Wetter und gemeinsam bestaunen wir den unendlich hohen Himmel, der sich wie ein ebenblaues Tuch in die Ewigkeit erstreckt.

Ich erzähle dem fremden Mann in sandfarbenem Anzug, dass ich hier auf A. warte, die durch den Mais geht um vom anderen Ende des Feldes die Sonnenblumen zu holen. Damit weise ich ihm durch ein Kopfnicken die Richtung und gemeinsam verfolgen wir ihren Weg mit den Augen.

Hinter dem Mais beginnt ein ockerfarbenes Getreidefeld und darin steht eine einzelne, leuchtende Sonnenblume mit mehreren, verschieden großen Blütenköpfen.

A. hat jetzt fast den Rand des Maisfeldes erreicht, als plötzlich ein Schwarm aufgeschreckt in den Himmel flüchtet. Zuerst denke ich, es seien Tauben, aber dann erkenne ich, dass es Kristalle sind, die in atemberaubender Geschwindigkeit über den Himmel pfeifen.

Unter Zwang bin ich neu in einem Internat eingetroffen. Ich finde das alte Haus bedrückend und düster. Am meisten befremden mich die meterhohen Wände, die mit gelber und brauner Ölfarbe gestrichen sind. Aber K. und K., die ich beide aus meiner Schulzeit kenne, beruhigen mich mit den Worten, dass der Aufenthalt hier immer nur für eine begrenzte Zeit ist. Während sie neben mir sitzen und tröstend auf mich einreden, bemerke ich an der Unterseite ihrer nackten Oberschenkel grüne und blaue Flecken. Als ich fragend darauf deute, zeigen sie mir schmale, silberne Spangen, die in ihre Häute eingesetzt wurden und Flecken und stechende Schmerzen verursachen. Bei K. wurde die überschüssige Haut sogar in Falten gelegt und festgesteckt, so dass sie jetzt als gelber Überhang an ihrem rechten Bein quillt.
Aufgeregt frage ich, was das zu bedeuten hat. Sie streicheln mich beschwichtigend und flüstern, ich solle mich beruhigen. Damit würde man hier nur versuchen die altersbedingten Hautveränderungen in den Griff zu bekommen.
Die Vorstellung ängstigt mich. Ich möchte auf keinen Fall ein solches Instrument in meinem Bein haben.
Als ich das nächste Mal nackt vor der Ärztin stehe, beobachte ich aufmerksam jeden ihrer Handgriffe. Für den Fall, dass sie mir eine Spange einsetzen will, habe ich beschlossen schnell wegzulaufen. Aber so sehr ich mich auch konzentriere, ich kann in ihren Händen nichts Auffälliges entdecken und bin erleichtert als sie mir zum Abschluss der Untersuchung endlich über

den Rücken streicht. Beruhigt gehe ich duschen, während die anderen arbeiten sind.

Der Duschraum besteht aus vielen engen vergilbten Boxen, was das Abtrocknen umständlich macht. Beim Herunterziehen des Handtuchs wundere ich mich über einen stechenden Schmerz im rechten, hinteren Oberschenkel. Ich wende meinen Kopf so weit nach hinten, dass ich meine halbe Rückseite sehen kann. Unerwartet entdecke ich eine kleine, silberne Spange in meinem Bein. Ich bin verblüfft und kann nicht verstehen, wie ihr Anbringen meiner Aufmerksamkeit entgehen konnte.

In diesem Augenblick kommen die anderen in einer Kolonne vom Arbeiten zurück. Unter Tränen zeige ich ihnen die Silberspange. Sie zucken nur müde mit den Schultern und sagen: „Das kommt von ganz alleine. Das ist das Leben."

- 92 -

Die Luft ist dick und gesättigt vom Brodem aller Menschen, die ich kenne. Es ist so stickig, dass selbst die dunklen Balken des Hauses mit starken Bewegungen atmen müssen.

Ich sitze tief in mich zusammengesunken an einem riesigen Holztisch, über dessen Tischplatte eine kleine Blase mit frischem Sauerstoff liegt, und schnappe gierig nach Luft.

Krampfhaft überlege ich, bei wem ich bin, versuche durch Kombination auszuschließen, wer nicht in Frage kommt. Langsam klären sich meine Gedanken und schließlich habe ich eine Idee, weil mir einfällt, dass ich nachts auf den Hof muss. Allmählich erkenne ich auch das Zimmer aus den Erzählungen wieder. Ich bin bei U..

Da nehme ich meine Tasse Milchkaffee und schleiche mich heimlich und ungesehen an den Wänden entlang aus dem leeren Zimmer.

- 93 -

Ich fahre mit T. in meinem roten Auto einen steilen Weg hinunter, der auf beiden Seiten mit üppigem, grünem Gras bewachsen ist.

Das Ziel unserer Reise ist mein altes Elternhaus, das ich über die Jahre fast vergessen hatte. Nun möchte ich es wiedersehen. Aber ich kann mich nur noch schlecht an den ländlichen Ort erinnern und konzentriere mich schon auf das Wiedererkennen, noch bevor wir das Dorf erreicht haben.

Auf beiden Seiten stehen jetzt wacklige, hölzerne Zäune, die wahrscheinlich ein Ausbrechen des Autos aus der Fahrbahn verhindern sollen.

Schließlich mündet der Wege in einem geraden, mit hellen Steinen ausgelegten Platz, auf den wir ganz vorsichtig auffahren. In seiner Mitte steht ein monumentales Tor aus Sandsteinquadern, durch welches wir in den Ort gelangen.

Überrascht von der allgemeinen Sauberkeit, staunen wir über die Häuser und Straßen, die ein einziger ebener Fluss aus kleinen, weißen Feldsteinen sind. Auf den gleißenden Flächen stehen schattenlose Frauen mit blauen Schürzen und langsam beginne ich zu begreifen, dass der ganze Ort verkauft werden soll.

Mit dieser Vorahnung betrachte ich jede Einzelheit aufmerksam durch die halb geöffnete Autoscheibe.

Alle Häusergiebel sind herrlich bunt bemalt. Auf der linken Seite steht ein geschmückter, brauner Leiterwagen und auf der rechten Seite versucht ein Mann ein schönes Bild an die zwei geschlossenen Luken seines Verkaufshäuschens zu malen. Neugierig sehe ich ihm eine kleine Weile dabei zu, bis ich schließlich einen bunten Hasen erkenne. Dann müssen wir weiter - in eine andere Gegend des Ortes.

Große, blaue Häuser säumen jetzt unseren Weg. Die Fassaden stehen dicht an dicht und gehen allmählich in eine hohe Sandwand über, die schließlich in einem natürlichen Kessel endet.

Hier steht mein altes, verlassenes Elternhaus. Blaue Schatten liegen schwer auf ihm und sein Fachwerk ist morsch und löchrig. Das hölzerne Geflecht auf der rechten Seite ist fast zu Staub zerfallen und eins geworden mit der gelben Straße.

Liebevoll streichle ich über seine kaputten Ecken, erfüllt von einer wehmütigen Freude es endlich wiedergefunden zu haben.